**LIBRO DEL CAUALLERO
ET DEL ESCUDERO**

Libros a la carta
Partiendo de nuestro respeto a la integridad de los textos originales, ofrecemos también nuestro servicio de «Libros a la carta», que permite -bajo pedido- incluir en futuras ediciones de este libro prólogos, anotaciones, bibliografías, índices temáticos, fotos y grabados relacionados con el tema; imprimir distintas versiones comparadas de un mismo texto, y usar una tipografía de una edición determinada, poniendo la tecnología en función de los libros para convertirlos en herramientas dinámicas.
Estas ediciones podrán además tener sus propios ISBN y derechos de autor.

JUAN MANUEL

LIBRO DEL CAUALLERO ET DEL ESCUDERO

BARCELONA 2005
WWW.LINKGUA.COM

Créditos

Título original: Libro del cauallero et del escudero.

© 2005, Linkgua ediciones S.L.

08011 Barcelona.
Muntaner, 45 3° 1ª
Tel. 93 454 3797
e-mail: info@linkgua.com

Diseño de cubierta: Linkgua S.L.

ISBN: 84-9816-039-1.

Quedan rigurosamente prohibidas, sin la autorización escrita de los titulares del *copyright*, bajo las sanciones establecidas en las leyes, la reproducción total o parcial de esta obra por cualquier medio o procedimiento, comprendidos la reprografía y el tratamiento informático, y la distribución de ejemplares de la misma mediante alquiler o préstamo públicos.

Las bibliografías de los libros de Linkgua son actualizadas en: www.linkgua.com

SUMARIO

Presentación _____ **11**

PRÓLOGO _____ **13**

Capítulo III. Commo vn escudero salio de su tierra et yva a las cortes del buen rey por seer cauallero, et commo se adormeçio en el palafren que yua, por el trabajo del camino _____ 15

Capítulo XVII. Commo el cauallero responde al escudero qual es el mas onrado estado en este mundo _____ 16

Capítulo XVIII. Commo el cauallero ançiano responde al scudero qual es el mayor et mas onrado estado entre los legos _____ 16

Capítulo XIX. Commo el cauallero ançiano responde al escudero que cosa es la caualleria _____ 17

Capítulo XX. Commo el cauallero anciano responde al escudero qual es el mayor pesar _____ 20

Capítulo XXI. Commo el cauallero anciano responde al escudero qual es el mayor plazer _____ 21

Capítulo XXII. Commo el cauallero, desque ovo respondido a las preguntas del escudero, le dio por ofiçio que non dexasse su camino para las cortes del rey _____ 22

Capítulo XXIII. Commo el escudero gradeçio mucho al cauallero anciano lo quel mostro, et le rogo que tomase del lo que quisiesse _____ 23

Capítulo XXIV. Commo el escudero se fue para las cortes et le recebio el rey muy bien et lo echo a su tierra muy rico et muy onrado _____ 23

Capítulo XXV. Commo el cauallero nouel se partio de las cortes et torno por la hermita del cauallero ançiano; et quisiera aver respuesta de las otras preguntas, et el cauallero ançiano se escuso con razon _____ 24

Capítulo XXVI. Commo el cauallero nouel se partio del cauallero ançiano et se fue para su tierra, et depues commo dexo su tierra con grant deseo de veer al cauallero ançiano _____ 24

Capítulo XXVII. Commo el cauallero ançiano se marabillo de la venida del cauallero nouel et le pregunto la razon de su venida _____ 26

Capítulo XXVIII. Commo el cauallero nouel mostro al cauallero ançiano la razon de su venida _____ 26

Capítulo XXIX. Commo el cauallero ançiano se marabillo mucho del afincamiento que el cauallero nouel le fazia por la respuesta de las preguntas _____ 27

Capítulo XXX. Commo el cauallero nouel mostro por razon al cauallero ançiano que deuia responder a las otras preguntas _____ 27

Capítulo XXXI. Commo el cauallero ançiano touo por bien de responder a las otras preguntas del cauallero nouel _____ 27

Capítulo XXXII. Commo el cauallero ançiano responde al cauallero nouel que cosa son los angeles _____ 29

Capítulo XXXIII. Commo el cauallero ançiano responde al cauallero nouel que cosa es el Parayso _____ 30

Capítulo XXXIV. Commo el cauallero ançiano responde al cauallero nouel que cosa es el Infierno _____ 31

Capítulo XXXV. Commo el cauallero ançiano responde al cauallero nouel que cosa son los ciellos _____ 33

Capítulo XXXVI. Commo el cauallero ançiano responde al cauallero nouel que cosa son los alementos _____ 36

Capítulo XXXVII. Commo el cauallero ançiano responde al cauallero nouel que cosa son las planetas _____ 38

Capítulo XXXVIII. Commo el cauallero anciano responde al cauallero nouel que cosa es el omne _____ 41

Capítulo XXXIX. Commo el cauallero ançiano reprehendio sotil mente al cauallero nouel en manera del preguntar _____ 48

Capítulo XL. Commo el cauallero anciano responde al cauallero nouel que cosa son las vestias _____ 49

Capítulo XLI. Commo el cauallero ançiano responde al cauallero nouel que cosa son las aves _____ 51

Capítulo XLII. Commo el cauallero ançiano responde al cauallero nouel que cosa son los pescados _____ 57

Capítulo XLIII. Commo el cauallero anciano responde al cauallero nouel que cosa son las yerbas _____ 58

Capítulo XLIV. Commo el cauallero anciano responde al cauallero nouel que cosa son los arboles _____ **59**

Capítulo XLV. Commo el cauallero anciano responde al cauallero nouel
que cosa son las piedras _____ **61**

Capítulo XLVI. Commo el cauallero ançiano responde al cauallero nouel
que cosa son los metales _____ **64**

Capítulo XLVII. Commo el cauallero anciano responde al cauallero nouel
que cosa es la mar _____ **66**

Capítulo XLVIII. Commo el cauallero ançiano responde al cauallero novel
que cosa es la tierra _____ **68**

Capítulo XLIX. Commo el cauallero ançiano, depues que ovo respondido
a todas las preguntas, fizo una pregunta al cauallero nouel_____ **70**

Capítulo L. Commo el cauallero nouel respondio a la pregunta quel fizo
el cauallero ançiano _____ **71**

Capítulo LI. Commo el cauallero ançiano rogo al cauallero nouel
que se non partiesse del ante de su finamiento, et desque fino
el cauallero ançiano, commo se fue el cauallero nouel para su tierra
et bisco muy bien andante et ovo buena fin _____ **72**

PRESENTACION

La vida

Juan Manuel (Escalona, Toledo, 1282-Murcia, 1348). España.
Era sobrino de Alfonso X el Sabio y nieto de Fernando III y pertenecía a la nobleza. Su padre era el Infante don Manuel, nieto del rey Fernando III de Castilla el Santo.
Juan Manuel era muy rico y se dice que podía cabalgar durante todo un día sin alcanzar el límite de sus propiedades. Había heredado de su padre el título de Duque de Villena, región en la que pasaba temporadas dedicado a la caza reflejadas en su *Libro de la caza*.
Desde muy joven combatió con destreza y se destacó, junto al rey Sancho IV (su primo) contra los musulmanes en la Batalla del Salado.
En 1299 se casó con doña Isabel, infanta de Mallorca. Poco después ella murió y Juan Manuel se casó con doña Constanza de Aragón, hija del rey Jaime II. Algunos años más tarde, otra vez viudo, se casó con doña Blanca Núñez. Fue regente de Castilla durante la minoría de Alfonso XI (1321-1325), y combatió junto a éste contra los musulmanes en la batalla de Algeciras (1343). Su hija Constanza estuvo casada con Pedro de Portugal, episodio reflejado en *Reinar después de morir*, de Luis Vélez de Guevara (obra publicada por Linkgua).
Hacia 1345 abandonó la política y se dedicó a la literatura y la meditación religiosa, murió en 1348 en Córdoba. Muchos de sus escritos se han perdido, como el *Libro de los Cantares*, colección de poesías y *Reglas cómo se debe trovar*, el más antiguo tratado castellano de versificación.
Escribió asimismo el *Libro de los Estados*, varios textos históricos y el *Libro infinito*, llamado también de los castigos.

En el *Libro del caballero y del escudero*, un joven y futuro cortesano aprende religión, filosofía y código de caballería. Se trata de un texto influido por el *Llibre del ordre de la cavayleria* de Ramón Llull.

PROLOGO

Hermano sennor don Iohan, por la gracia de Dios arçobispo de Toledo, primado de las Espannas et chançeller de Castiella, yo, don Iohan, fijo del infante don Manuel, adelantado mayor de la frontera et del reyno de Murçia, me encomiendo en la vuestra gracia et en las vuestras sanctas oraciones.

Hermano sennor, el cuydado es vna de las cosas que mas faze al omne perder el dormir, et esto acaesçe a mi tantas vezes que me enbarga mucho a la salud del cuerpo; et por ende cada que so en algun cuydado, fago que me lean algunos libros o algunas estorias por sacar aquel cuydado del coraçon. Et acaeciome oganno, seyendo en Seuilla, que muchas vezes non podia dormir pensando en algunas cosas en que yo cuydaua que serviria a Dios muy granada mente; mas por mis peccados non quiso el tomar de mi tan grant seruiçio, ca si en algun comienço auia mostrado para se seruir de mi, fue todo por la su merçed et su piadat, et non por ningun mi mereçimiento. Et lo que se agora alongo, tengo que non fue si non por mi peccado. ¡Bendito sea el por quanto fizo et por quanto faze et por quanto fara! Ca çierto es que todas las cosas son en el su poder et en la su uoluntad, et todo lo que el faze es lo mejor. Et seyendo en aquel cuydado, por lo perder, començe este libro que vos envio, et acabelo depues que me parti dende, et non lo fiz por que yo cuydo que sopiesse conponer ninguna obra muy sotil nin de grant recado, mas fiz lo en vna manera que llaman en esta tierra «fabliella». Et por que se que vos que sodes muy mal dormidor, envio vos lo por que alguna vez, quando non pudierdes dormir, que vos lean assy commo vos dirian vna fabliella; et quando falardes algunas que non an muy buen recado, tened por çierto que yo las fiz poner en este libro, et reyd vos ende et perderedes el cuydado que uos fazia perder el dormir; et non uos marabilledes en fazer yo scriuir cosas que sean mas fabliella que muy buen seso. Et si por aventura fallardes y alguna cosa de que uos paguedes, gradeçer lo he yo mucho a Dios, ca so çierto que vos non pagariades de ninguna cosa que buena non fuesse. Et pues uos, que sodes clerigo et muy letrado, enviastes a mi la muy buena et muy conplida et muy sancta obra que vos fiziestes en el *Pater Noster*, por que lo transladasse de latin en romançe, envio vos yo, que so lego, que nunca aprendi nin ley ninguna sciencia, esta mi fabliella, por que si uos della pagardes, que la fagades transladar de romançe en latin. Et non vos la envio scripta de muy buena letra nin muy buen pergamino, reçelando que si uos fallasedes que non era buen recado, quanto mayor afan tomara en fazer el libro, mucho en esto tanto fuera el yerro mayor. Mas de que lo vos vierdes, si me enviades dezir que vos pagardes ende, entonçe lo fare mas apostado.

Comiença el libro que fizo don Iohan, fijo del muy noble infante don Manuel, et ha nonbre el Libro del cauallero et del escudero, *et es conpuesto en vna manera que dizen en Castiella fabliella, et envialo al infante don Iohan, arçobispo de Toledo, et ruegal que tenga por bien de trasladar este dicho su libro de romançe en latin.*

Por que dizen todos los sabios que la mejor cosa del mundo es el saber, tienen que todo lo que omne puede fazer para lo acresçentar mas, que si lo dexa de fazer que non faze bien. Et otrosi tienen que vna de las cosas que lo mas acresçenta es meter en scripto las cosas que fallan, por que el saber et las buenas obras puedan seer mas guardadas et mas leuadas adelante. Et por ende yo, don Iohan, fijo del infante don Manuel, fiz este libro en que puse algunas cosas que falle en vn libro. Et si el comienço del es uerdadero o non, yo non lo se, mas que me paresçio que las razones que en el se contenian eran muy buenas, toue que era mejor de las scriuir que de las dexar caer en olbido. Et otrosi puse y algunas otras razones que falle scriptas et otras algunas que yo puse que perteneçian para seer y puestas.

Dize en el comienço de aquel libro que en vna tierra avia vn rey muy bueno et muy onrado, et que fazia muchas buenas obras, todas segund pertenesçia a su estado; et por mostrar la su nobleza, fazia muchas uezes sus cortes ayuntar, a que venian muchas gentes de sus tierras et de otras. Et de que connel, faziales mucho bien, dando algo de lo suyo muy granada mente a los que lo deuia dar, tan bien a los strannos commo a los suyos. Et a toda la tierra en general daba buenas leys et buenos fueros, et mantenia et guardauales muy bien lo que avian de los otros reys que fueren ante que el. Et tanto bien les fazia, que el amor que la naturaleza daua, que todos le deuian auer asi commo a su rey et a su sennor natural, acreçentaua el mucho por las sus buenas obras que a todos fazia. Et por esta razon plazia mucho a todos quando por ellos enviaua; et venian a el muy de grado quando los avia meester, tan bien en tienpo de paz commo en tienpo de guerra. Et tan amado era de sus gentes et de las estrannas, que tanto fizieron por le seruir et por le onrar, que en muy poco tienpo fue apoderado et ensennoreo a todos los regnos et tierras de sus comarcas. Et esto era con muy grant razon, ca los sus naturales eran seguros de auer del buen galardon del seruiçio quel fazian, avn mas que non mereçian. Et non reçelauan que por ningun mezclador les vernia ningun danpno sin grant su mereçimiento. Otrosi sabian que el que mal o danno en su tierra fiziesse, non podria en ninguna manera scapar del syn grant pena. Et por estas cosas era muy amado et muy reçellado; et tan grant sabor auian las gentes del seruir, que non dubdauan de poner los cuerpos et los aueres por leuar su onrra adelante, et tenian que la muerte et la lazeria en su serviçio les era vida et folgura. Et las gentes estrannas deseauan que diesse Dios razon por que ellos, guardando su lealtad, pudiessen seer en el su sennorio.

Capítulo III. Commo vn escudero salio de su tierra et yva a las cortes del buen rey por seer cauallero, et commo se adormeçio en el palafren que yua, por el trabajo del camino

Asy acaesçio vna vez que este rey mando fazer vnas cortes, et luego que fue sabido por todas las tierras, vinieron y de muchas partes muchos omnes ricos et pobres; et entre todas las otras gentes venia y vn scudero mançebo, et como quier que el non fuesse omne muy rico, era de buen ... et conplida mente con verdat. Ca los reys son en la tierra en logar de Dios, et las sus uoluntades son en la mano de Dios, et por ellos se mantienen las tierras bien et non tan bien. Ca segun las maneras o los fechos del rey, asy sera mantenido el su reyno; et Dios quiere que los reys sean en las tierras et las mantengan segun los merecimientos de llas gentes del su regno. Pero a la pregunta que uos me feziestes, commo quier que en pocas palabras non uos podria conplida mente responder, por que son muchas las cosas que ha mester el rey para fazer esto que uos preguntades, pero segun el mi poco saber uos respondo que para seer el rey qual uos dezides, deue fazer et guardar tres cosas: la primera, guardar las leyes et fueros que los otros buenos reys que fueron ante que el dexaron a los de las tierras, et do non las fallare fechas, fazerlas el buenas et derechas; la segunda, fazer buenas conquistas et con derecho; la tercera, poblar la tierra yerma.

Capítulo XVII. Commo el cauallero responde al escudero qual es el mas onrado estado en este mundo

—A lo que me preguntastes qual es el mas alto estado et mas onrado a que los omnes pueden llegar en este mundo, çierta mente esta es pregunta asaz graue, ca los estados del mundo son tres: oradores, defensores, labradores. Cada vno destos son muy buenos, en que puede omne fazer muncho bien en este mundo et saluar el alma, pero segun el mi flaco saber, tengo que el mas alto estado es el clerigo missa cantano, por que en este puso Dios tamanno poder, que por virtud de las palabras que el dize, torna la hostia, que es pan, en verdadero cuerpo de Ihesu Christo, et el vino, en su sangre verdadera. Et quanto el clerigo missa cantano a mayor dignitat, asi commo obispo o arçobispo o cardenal o papa, tanto es el estado mas alto, por que puede fazer obras de que aya mayor mereçimiento et aprouechar mas al pueblo en lo spiritual et en lo tenporal.

Capítulo XVIII. Commo el cauallero ançiano responde al scudero qual es el mayor et masonrado estado entre los legos

—A lo que me preguntastes qual es el mayor et mas onrado estado entre los legos, sin dubda de las preguntas que fasta aqui me feziestes, esta es la que mas ligera mente vos puedo responder. Et por ende uos digo que el mayor et mas onrado estado que es entre los legos es la caualleria; ca commo quier que entre los legos ay muchos estados, asi commo mercadores, menestrales et labradores et otras muchas gentes de muchos estados, la caualleria es mas noble et mas onrado estado que todos los otros. Ca los caualleros son para defender et defienden a los otros, et los otros deuen pechar et mantener a ellos. Et otrosi por que desta orden et deste estado son los reys et los grandes sennores; et este estado non puede aver ninguno por si, sy otri non gelo da, et por esto es commo manera de sacramento. Ca bien asi commo los sacramentos de sancta Eglesia an en si cosas çiertas, sin las quales el sacramento non puede seer conplido, otrosi la caualleria a mester cosas çiertas para se fazer commo deue; et dezir uos he algunos de los sacramentos por que se entiendan los otros. En el casamiento, que es vno de los sacramentos, a mester que sea y omne que quiere casar et la muger que ha de casar con el et las palabras del otorgamiento et del reçibimiento que a de fazer el vno al otro. Et estas son las cosas que fazen al casamiento; ca todas las otras que se fazen son bendiciones et aposturas et conplimientos. Otrosi, el baptismo ha mester el que lo reçibe et el que lo batea et las palabras que dizen quando lo meten en el agua. La penitençia, otrosi, el que confiesa et el que da la penitençia et el absoluimiento. Et segund estos, son los otros sacramentos. Et sin se fazer estas cosas non pueden seer los sacramentos conplidos, et faziendose estas cosas commo deuen, conplido es el sacramento, avn que se non fagan y otros conplimientos et noblezas que se suelen fazer quando estos sacramentos se suelen reçebir. Otrosi, la caualleria a mester que sea y el sennor que da la caualleria et el cauallero que la reçibe et la spada con que se faze. Et asi es la caualleria conplida, ca todas las otras cosas que se y fazen son por bendiçiones et por aposturas et onras. Et por que semeja mucho a los sacramentos, et por estas razones todas, es el mas onrado et mas alto estado que entre los legos puede ser.

Capítulo XIX. Commo el cauallero ançiano responde al escudero que cosa es la caualleria
—A lo que me preguntastes que cosa es caualleria et commo la puede omne mejor conplir ..., fijo, esta pregunta non es vna ... sola mente, me semejan que son tres; ca uos preguntastes que cosa es caualleria ... auie mester muchas palabras para lo mostrar todo conplida mente, et seria muy grant departimiento, non uos quiero dezir en ella si non pocas palabras; pero si uos quisieredes saber todo esto que me preguntastes de la caualleria conplida mente, leed un libro que fizo vn sabio que dizen Vejeçio, et y lo falları́redes todo. Mas lo que yo entiendo de aquel poco entendimiento que yo he vos lo dire.
A lo que me preguntastes que cosa es caualleria, vos respondo que la caualleria es estado muy peligroso et muy onrado. Otrosi, a lo que me preguntastes commo se puede auer et guardar, vos dire que la puede omne auer et guardar con la gracia de Dios et con buen seso et con vergüença.

17

Et la gracia de Dios ha mester el cauallero commo aquel que toma estado en que vn dia nunca puede seer seguro; et la gracia de Dios le ha de mantener la onra que deue ganar por sus obras, et le a de guardar et de defender el cuerpo et el alma de los periglos en que anda cada dia, mas que ningun omne de mayor otro estado; et la gracia de Dios le ayudara et le fara auer seso para fazer sus fechos commo deue, et querra que aya uergüença de fazer lo que non deua. Et todas estas cosas nin otro bien ninguno non puede auer el cauallero, que duradero le sea nin que aya buen acabamiento, si non lo que oviere por la gracia de Dios. Otrosi, el buen seso le es muy mester, ca el seso le amostrara quien es el que puede et lo deue fazer cauallero; et otrosi el que a de reçebir la caualleria; et otrosi que es lo que el cauallero deue guardar a Dios et a su sennor et a las gentes, et que onra le deuen fazer a el, et otrosi la que el deue fazer a si mismo. Otrosi le demostrara que es lo que deue dar et que es lo que deue tener. Et, fijo, uos deuedes saber que por el dar et por el tener razonan las gentes al omne por franco o por escaso, et por que las mas vezes non catan en esto las gentes lo que es razon, si non lo que es voluntad de cada vno, quiero uos yo mostrar que cosa es franqueza et que cosa es escaseza.

Fijo, sabet que en la franqueza et en la escaseza ay quatro maneras: la vna es franqueza, et la otra es desgastamiento; la otra es escaseza, et la otra es auareza. La franqueza es dar lo que el omne deue dar et tener lo que deue tener; et el desgastamiento es dar lo que deue dar et dar lo que deue tener; la escaseza es dar lo que deue dar et tener lo que deue tener; la auareza es non dar lo que deue dar nin dar lo que deue tener. Vos, fijo, et otro alguno podriades dezir: «Pues vos dezides que la franqueza es dar lo que deue dar et tener lo que deue tener, et la escaseza es dar lo que deue dar et tener lo que deue tener, pues si asi es, ¿que diferençia ha entre ellos, o que es la razon por que los omnes tienen que es mejor seer franco que escaso?» Et çierta mente, fijo, asi paresçe et asi es; mas el departimiento que entre ellos ha es en el dar et tener; ca el franco da lo que deue dar et tiene lo que deue tener; mas lo que da, dalo de buena mente et plazel mucho por que lo da, et lo que tiene pesal mucho por que lo ha de tener, et vendria de lo dar, si non por que es cosa quel faria mengua, o quel seria grant danno o grant vergüença, o por que lo cuyda dar en otro lugar en que sera mejor enpleado. Otrosi el escasso da lo que deue dar et tiene lo que deue tener; mas lo que da non lo da por que tome plazer en lo dar, mas dalo por que cuyda sacar alguna varata dello, o por quel seria danno o vergüença si lo non diesse; et lo que tiene que non da, plazel mucho, pues falla manera de lo tener sin danno et sin grand uergüença. Et asi bien podedes entender quanto grant diferençia o departimiento ha entre la franqueza et la escaseza; et assi vos he departido que cosa es franqueza et scaseza, et des aqui tornare a mi razon.

Otrosi el seso le amostrara que es lo que deue pedir o a que persona; otrosi le amostrara commo et quando et contra quales personas deue seer sofrido et manso et de buen talante; et commo et quando et contra quales personas deue seer brauo et esforçado et cruel. Otrosi el seso le mostrara commo o por quales acaeçimientos deue seer alegre o triste; otrosi le mostrara commo deue començar la guerra et la contienda non la podiendo escusar, et commo se pare a ella de que la ouiere començado; et commo escusara de la començar sin su mengua o sin su vergüença, et commo saldra della guardando estas cosas. Et otrosi commo deue guerrear quando oviere el mayor poder que su contrallo, o su contrallo lo oviere mayor que el; et commo deue fazer quando cercare el lugar muy fuerte, o non tanto; et commo se deue defender si fuere cercado; et commo deue parar hueste si oviere de lidiar o con mas o con mejores que los suyos; et commo, si los suyos fueren mas o mejores. Et otrosi el seso le mostrara commo deue leuar la gente cabdellada por el camino et non tener las cosas en poco; et otrosi commo deue posar la hueste, et commo la deue guardar de que fuer posada; et commo deue andar en la hueste alegre, et esto a que tiene pro. Et otrosi el seso le mostrara commo deue mostrar que la guarda que faze, que la faze por seso, mas non por miedo; et commo deue guardar la hueste de pelea et commo la deue escarmentar, si acaesçiere. Et otrosi el seso le dira commo se deue mostrar por sennor a los suyos, et commo los deue seer buen conpanno, et commo deue fazer en el tiempo de la guerra o de la paz, si fuere muy rico o abondado; et commo quando lo non fuesse tanto, o quando obiesse desto alguna mengua. Et otrosi el seso le mostrara commo deue fazer quando ouiere buena andança, et quando el contrario; et commo deue partir las ganancias que Dios le diere.

La vergüença, otrosi, cunple mucho al cauallero mas que otra cosa ninguna; et tanto le cunple que yo diria que valdra mas al cauallero auer en si vergüença et non auer otra manera ninguna buena, que auer todas las buenas maneras et non auer vergüença; ca por buenas maneras que aya, sy vergüença non oviere, tal cosa podra fazer algun dia, que en los dias que biua sienpre sera enfamado; et sy vergüença oviere, nunca fara cosa por que la aya. Et otrosi abra vergüença de fazer lo que non deue, ca tan grant vergüença es a omne en dexar de fazer lo que deue, commo de fazer lo que non deue; et asi la vergüença le fara guardar todo lo que deue a Dios et al mundo. Ca si vergüença oviere, guardar se ha quanto podiere de non fazer cosa por que se vea en vergüença contra Dios. Ca muy sin razon seria en dexar de fazer vn fecho vergonnoso si sopiese quel veria vn omne qual quier, et non aver vergüença de Dios, que lo crio et lo redimio et le fizo tantos bienes, et sabe çierta mente que lo vee et lo entiende. Otrosi la vergüença le fara que sufra ante la muerte que fazer cosa vergonnosa. Et pues digo que ante sufrira la muerte que caer en vergüença, vien deuedes entender que non dexara de fazer ninguna cosa, nin la fara, por que en vergüenna pueda caer: ca todas las cosas que omne puede fazer et dexar de fazer son mas ligeras que la muerte. Et asi podedes saber que la vergüença es la cosa por que omne dexa de fazer todas las cosas que non deue fazer, et le faze fazer todo lo que deue. Et por ende, la madre et la cabeça de todas las vondades es la vergüença.

Capítulo XX. Commo el cauallero anciano responde al escudero qual es el mayor pesar
—Otrosi, a lo que me preguntaste qual es el mayor plazer o el mayor pesar que omne podria auer, fijo, sin dubda esta es pregunta grande, ca en esto si acaeçen la voluntad et la razon. Ca muchos omnes ay que toman muy grant pesar de cosas que con razon non lo debian tomar tan grande. Otrosi por que el mundo es lleno de pesares, et los entendimientos et las uoluntades de los omnes son de muchas maneras et muy departidas, non vos podria ninguno dezir qual es el mayor pesar que todos los omnes pueden aver. Ca vnos toman muy grant pesar quando non se les faze lo que ellos quieren, et tienen aquello por muy grant pesar; otros lo toman muy

grande quando pierden algo de lo que an; otros, quando pierden parentes o personas de que se sienten mucho; otros, quando adolescen. Et asi, de todas las maneras de los pesares, por ende, non vos podria respuesta çierta dar qual es el mayor pesar de todos; ca los vnos toman pesar de lo vno et los otros de lo al; cada vno segund sus uoluntades et sus maneras, et non catan en ello razon. Mas el mayor pesar que omne puede et deue aver con razon es quando por su merecimiento faze alguna cosa por que pierda la gracia de Dios. Ca si bien catare, vera quantas mercedes Dios le faze cadal dia, de quantos peligros le guarda et commo la su gracia non la puede perder si non por su grand merecimiento; et si la pierde, pierde en este mundo todo el bien que en el puede auer, et es aparejado para le venir todo mal. Et otrosi pierde el Parayso para que Dios le crio, de que omne del mundo non podria contar el vien et el plazer que y a para sienpre, et es judgado paral Infierno, do a tanto mal et tanta pena sin fin, que se non puede dezir. Et asi deuedes entender que con razon este es el mayor pesar que omne puede auer, ca todos los otros pesares son de cosas sennaladas, et avn que aya pesar de aquellos, puede auer plazer en otros; et estos pesares que ouiere cadal dia le pueden menguar et pueden le acaeçer cosas por que en aquellos fechos mismos en que tenia pesar puede tomar plazer. Et avn por mucho que el pesar dure, non puede durar sinon quanto visquiere en este mundo; mas el que por su mala ventura perdiere por sus merecimientos la gracia de Dios, pierde todos los plazeres et cobra todos pesares, et este mal nunca avra acabamiento. Et asi podedes entender que sin dubda ninguna este es con razon el mayor pesar de todos los pesares.

Capítulo XXI. Commo el cauallero anciano responde al escudero qual es el mayor plazer
—Otrosi, a lo que me preguntastes qual era el mayor plazer, vos digo que bien asi commo vos dixe que las voluntades de los omnes son partidas en tomar pesares, que bien asi son partidas en tomar plazeres, ca vnos lo toman mayor en vnas cosas et otros en otras, cada vno segun su uoluntad. Mas el mayor plazer que omne con razon puede et deue auer es quando entiende que esta sin pecado, por que esta en la gracia de

Dios, et esta sin reçelo que non ha cosa que le enbargue para le fazer Dios merçed conplida. Ca, fijo, uos deuedes saber que asi commo Dios es conplido, sienpre querra a los omnes fazer merçed conplida mente; et lo que dexa de les fazer non es sinon por enbargo de pecados o de malas obras que los omnes ponen entre Dios et ellos; pues el que sabe que non a este enbargo, tan alegre deuia seer que ningun pesar non deuia sentir. Et otrosi por que el sabe que quantos vienes el faze, de todos a de auer buen galardon, muy mayor que el su merecimiento, nin que omne podria dezir; et en todos los vienes que se fazen por el mundo ha muy grand parte; et demas que es çierto que si la muerte, que anda todo el dia entre los pies, le fallare en tal estado, que es seguro de cobrar la gloria de Dios en que a plazer conplido et en folgura. Et por que el plazer, quanto mas dura, es mayor, asi es este el mayor plazer que todos los otros. Ca los plazeres del mundo, por grandes que omne los aya, duran poco, et avn de todos o de los mas se enoja el omne; mas este dura en quanto omne biue en este mundo, et depues que sale del para sienpre. Et por ende, ningun plazer non puede nin deue seer conparado a este, etc.

Capítulo XXII. Commo el cauallero, desque ovo respondido a las preguntas del escudero, le dio por ofiçio que non dexasse su camino para las cortes del rey
—Et agora, fijo, vos he respondido lo mejor que yo pude a las preguntas que yo entendi que vos cunplian para el vuestro estado, de las que me fiziestes, et a las otras que vos non respondi, dexolo por que cuydo que vos non fazen tan grant mengua de las saber, et por que si las queredes deprender, que fallaredes qui vos las podran mostrar. Et pues esto asi es, consejar vos ya que non dexasedes vuestro camino. Et sabe Dios que yo non digo esto por que yo grant plazer non tome con vuestra conpania; mas fagolo por que querria que por el plazer que yo conbusco he, que non perdiessedes vos nada de la vuestra fazienda. Ca todo omne que a otro conseja deue catar en el consejo que da mas la pro de aquel a quien conseja que la suya; et si asy non lo faze, non es leal consejero. Pero si, guardando primera mente la pro de aquel a qui conseja, saca

para si alguna pro de aquel consejo que da, deuese tener por de buena ventura.

Capítulo XXIII. Commo el escudero gradeçio mucho al cauallero anciano lo quel mostro,et le rogo que tomase del lo que quisiesse
Quando el escudero oyo todas estas respuestas et entendio quel conplian para lo que el avia mester, et otrosi que se avia alli detenido tan poco por que non perderia nada de su camino, gradeçiolo mucho a Dios et tobose por muy de buena ventura. Et por ende dixo al cauallero:
—Sennor, yo gradesco mucho a Dios et a vos el vien que me a venido de la vuestra vista, et cred que yo me tengo por muy tenudo de vos seruir en toda la mi vida, et pido vos, por Dios et por vuestra vondat, que si de alguna cosa de lo que yo aqui troxe vos puedo servir, o vos cunple, que lo tomedes, et que tengades que de aqui adelante vos seruire quanto pudiere muy de buena mente.
Et el cauallero le gradeçio mucho lo que dezia, et si se pago de alguna cosa de lo quel traya, tomolo mas por mostrarle buen talante que por otro plazer que en ello fallasse, et prometiole que sienpre rogaria a Dios por el. Entonçe se despidieron, llorando mucho, con plazer; et el omne bueno acommendolo a Dios et diol su bendicion.

Capítulo XXIV. Commo el escudero se fue para las cortes et le recebio el rey muy bienet lo echo a su tierra muy rico et muy onrado
El escudero fue para las cortes et andiedo tanto por sus jornadas que llego aquel lugar do el rey fazia sus cortes. Et endereçol Dios asi: que quando el llego a ver las cortes, non eran partidas, et quando mostro al rey la su razon por que viniera et otrosi le conto la aventura que le acaesçiera en el camino con el cauallero hermitanno, tomo el rey et todos los que eran connel muy grant plazer; et entre quantos y binieron a aquellas cortes, fizol el rey merçedes muy sennaladas, Et tanto se pago de las sus buenas maneras quel touo consigo grant pieça de tienpo, et fizol cauallero et despues enbiolo a su tierra muy rico et muy onrado.

Capítulo XXV. Commo el cauallero nouel se partio de las cortes et torno por la hermita del cauallero ançiano; et quisiera aver respuesta de las otras preguntas, et el cauallero ançiano se escuso con razon
El cauallero nouel, acordandose de quanto bien aprendiera del cauallero que estaua en la hermita, tomo su camino para aquel lugar do lo fallara; et quando llego a la hermita do el omne bueno moraba, et el bueno lo bio et sopo quanto onrado et quanto bien andante venia, plogol mucho et gradeçiolo mucho a Dios. Et el cauallero nouel moro y con el algunos dias, ca el traia biandas et todo lo que avian mester; et en aquel tiempo que en vno moraron, quisiera el cauallero nouel aver repuesta del cauallero ançiano que moraba en la hermita de las preguntas quel fiziera ante que del se partiesse, a que avn non le respondiera; mas por la grant flaqueza que en el omne bueno avia, non le pudo dar repuesta conplida mente. Et desque entendieron que era tienpo de se yr el cauallero nouel para su tierra, despediose del; et el omne bueno finco rogando mucho a Dios quel endereçasse et lograsse de bien en mejor. Et el cauallero nouel dexol de lo que y traya para que pudiesse y passar su vida algun tienpo mas sin lazeria que fasta entonçe; et muy mas le dexara si el bueno lo quisiera tomar. Et asi se partieron muy pagados el vno del otro; et fuesse el cauallero nouel para su tierra; et finco el omne bueno en su hermita, conpliendo su penitençia.

Capítulo XXVI. Commo el cauallero nouel se partio del cauallero ançiano et se fue para su tierra, et depues commo dexo su tierra con grant deseo de veer al cauallero ançiano
Depues que el cauallero nouel se partio del cauallero ançiano que fincaua en la hermita, commo avedes oydo, enpeço su camino para su tierra. Et por que entendio que viniera muy onrado et muy bien andante de casa de su sennor, auia muy grant talante de llegar a su tierra por que oviese plazer con sus parientes et con sus amigos. Cada vna de las plazenteras cosas que en el mundo ha es beuir omne en la tierra do es natural, et mayor mente si Dios li faze tanta merçed que puede bebir en ella onrado et preçiado. Et tan plazentera es esta manera de vida, que asi engana muchos que escojen ante de beuir en ella que en tierra estranna en que fuessen

çiertos que podrian passar muy onrada mente. Et sin dubda esto es grant yerro et grant enganno; ca el que tiene mientes por llegar a algun bien et a buen estado, non deue dexar el plazer de la voluntad de beuir et de grandesçer do quier que mas pudiere lleuar su onra adelante.

Et desque llego a su tierra, fue muy bien reçebido de todas las gentes, tan bien de los parientes commo de los estrannos: ca la bien andança et el poder et la riqueza faze seer a omne mas amado et mas preçiado de las gentes de quanto non seria si tan bien andante non fuesse. Ca muchos siruen et se fazen parientes del omne mientre ha buena andança, que si la non oviere, quel non catarian de los ojos si topassen connel en la carrera.

Et desque ouo morado en su tierra, commo quier que beuia en ella muy onrado et muy bien andante, non pudo oluidar nin sacar de su coraçon el deseo que avia de fablar con el cauallero ançiano que fincaua en la hermita. Ca tan plazentera et tan aprouechosa cosa es para los buenos et para los entendudos el saber, que non lo pueden olbidar nin por los bienes corporales. Et por ende acordo de yr beer al omne bueno. Et esto fazia el por dos cosas: la vna, por saber la repuesta de las preguntas quel fiziera a que avn non le respondiera; et la otra, reçelando que si el omne bueno moriesse ante que a estas le oviesse respondido, que por auentura non fallaria otro que tan conplida mente le pudiesse responder. Et dexo su fazienda en su tierra con buen recabdo et acomendola atales de que era çierto que quando el viniesse, quel fallaria tan bien enderaçada commo si el ende non se partiesse. Ca el que de su tierra se parte conuiene que tal recabdo dexe en ella, que quando uiniere, que falle que non le enpeçio la su partida dende. Et el que su fazienda quiere fiar en otro, conuiene que escoja atal de que sea çierto que nunca se arrepienta del poder quel diere, et que sienpre querra mas la pro et la onra del sennor que la suya. Et desque esto ovo fecho en esta manera, tomo en su conpanna lo que entendio quel conplia et fue veer al cauallero ançiano que dexara en la hermita. Et desque llego, plogol mucho al omne bueno, et commo quier que estaua flaco, recibiolo muy bien; et tomaron amos muy grant plazer desque en vno se ayuntaron.

Capítulo XXVII. Commo el cauallero ançiano se marabillo de la venida del cauallero nouelet le pregunto la razon de su venida
Et desque ouieron fablado una pieça, preguntandose el vno al otro commo les fuera despues que de vno se partieron, el cauallero ançiano començo su razon en esta guisa:
—Fijo mucho amado, yo se verdadera mente que vos sodes de muy buen entendimiento et que non fariades ninguna cosa por conplir uuestra voluntad, si alguna pro onrra non cuydasedes ende sacar. Por ende vos ruego que me digades que fue la razon por que agora dexastes vuestra tierra, en que tan poco aviades morado, et do pudierades fazer muchas cosas de vuestra pro et tomar mucho plazer, et veniestes a esta hermita do sabedes que non podedes auer vida si non mucho enojosa et muy lazrada.

Capítulo XXVIII. Commo el cauallero nouel mostro al cauallero ançiano la razon de su venida
—Sennor —dixo el cauallero nouel—, desque la primera vegada vos falle, siempre vos oy dezir cosas verdaderas et muy aprouechosas et de grant seso, et avn me semeja que por la flaqueza que avedes en el cuerpo, que non se enbarga el vuestro entendimiento de fazer toda su obra asi commo deue. Et esto cunple a mi mucho por que pueda yo acabar aquello por que yo aqui vin; et por ende vos respondo que yo tengo que en ninguna cosa non podria yo fazer mas mi pro nin tomar mayor plazer que en dexar todo lo al por vos venir ver. Ca muy grant pro me es en fazer manera para vos conosçer et gradesçer el bien et la merçed que me vino. Et asy commo el buen conosçimiento que omne faga ... reçebido algun bien, asi tengo ... cunple su debdo el que guarda et pone por obra el bien que ha reçebido ... es muy grand plazer el que faze quanto puede por aprender alguna cosa buena et aprouechosa, si Dios quiere guardar que la faga. Et por que todas estas cosas non podemos bien acatar commo ... por ende toue que ... lo al por venir ... por Dios et por mesura ... de me responder a aquellas razones que el otro dia non pudiestes por lo ... vos enbargo.

Capítulo XXIX. Commo el cauallero ançiano se marabillo mucho del afincamientoque el cauallero nouel le fazia por la respuesta de las preguntas
—Fijo —dixo el omne bueno—, mucho me marabillo por que me fazedes tan grant afincamiento, sabiendo que yo non ley nin estudie tanto por que atantas preguntas et atantas sciençias vos pudiesse responder; et paresçe me que por aventura que me queredes meter en vergüença. Bien cuidaua yo que de otra manera me gradeçeriades uos esto que tanto loades que de mi aprendiestes; et por ende vos ruego que si vos entendedes que podedes escusar de me afincar en esta razon, que lo fagades.

Capítulo XXX. Commo el cauallero nouel mostro por razon al cauallero ançianoque deuia responder a las otras preguntas
—Sennor —dixo el cauallero nouel—, non quisiese Dios que yo nunca pensase cosa por que vos vergüença tomasedes, ca esto que vos llamades vuestra vergüença, esto tengo yo por grant vuestra onra; ca quanto menos leystes et sabedes mas que los otros que mucho an studiado, por vuestro entendimiento, tanto es çierto que vos fizo Dios mayor gracia en vos dar el entendimiento por que sopiesedes lo que sabedes. Et asi, pues vos entendedes que con buena razon non vos podedes escusar, pido vos por Dios et por mensura que me querades responder a las preguntas que vos fizi.

Capítulo XXXI. Commo el cauallero ançiano touo por bien de respondera las otras preguntas del cauallero nouel
—Bien veo —dixo el cauallero ançiano—, que non puedo escusar de uos non responder, pues tanto lo queredes. Mas si las respuestas non fueren tan conplidas o por palabras tan apuestas o tan proprias, non vos marabilledes que avn que el omne responda en las preguntas verdadera mente, mas graue es de fazer que sean todas las respuestas de apuestas razones que cunplan al fecho. Pero de aquello poco que yo sopiere, responder vos he a ello; et Dios por la su merçed quiera que venga a vos pro et onra et que yo sin vergüença finque. Pero si a todas estas preguntas que me vos fazedes non vos pudiere yo responder por aquellas palabras mismas que pertenescen, non vos marabilledes, que muchas de las preguntas que vos me fezies-

tes son de artes et de sçiencias çiertas que an palabras sennaladas por que demuestran lo que quieren dezir. Et aquellas palabras entender las ha el que sabe aquella arte, et por seer muy sabidor en otra non entendera aquellas palabras que son de la sciençia que el non sabe. Et dezir uos he algunas dellas por que entendades las otras. Et commo quier que yo nunca ley nin aprendi ninguna sçiençia, por que so mucho ançiano et guareçi en casa de muchos sennores, oy departir a muchos omnes sabios. Et bien cred que para los legos non ha tan buena escuela en el mundo cuemo criar se omne et beuir en casa de los sennores; ca y se ayuntan muchos buenos et muchos sabios, et el que ha sabor de aprender cosas por que vala mas, en ningun lugar non las puede mejor aprender. Ca si bueno quisiere seer, y fallara muchos buenos con que se aconpanne. Et vna de las mas çiertas sennales que en el omne puede parescer que tal quisiere seer, es quando ven a que conpanna se allega: ca todo omne se allega a aquel con qui ha alguna semejança de obra o de uoluntad. Ca sienpre los cuerdos se llegan a los cuerdos, et los bien costunbrados con los bien costunbrados; et asi de todas las otras cosas semejantes, tan bien de las buenas maneras commo de las contrallas.

Biuiendo yo en casa de vn sennor con qui guareçia, oy fablar a omnes muy letrados en muchas sciençias, et oy los dezir que por las cosas que son ordenadas en aquella arte dizen los gramaticos «reglas»; et por lo que llaman los gramaticos reglas, dizen los logicos «maximas» et llaman los fisicos «anphorismas». Et eso mismo es en todas las sciencias. Et por ende, por que las preguntas que me vos fazedes son de sciençias sennaladas et que han nonbres sennalados, que non se entienden en otra arte sinon en aquella misma, pues ninguna de aquellas artes nunca ley, non vos deuedes marabillar si vos non respondiere por aquellas palabras mismas que son de aquella arte. Mas por que las preguntas son muchas, et para responder a ellas conplida mente auia mester muchas palabras para cada vna, por ende, por vos non detener, responder vos he en pocas palabras, segund que Dios por la su merçed me quisiere alunbrar el entendimiento et quanto alcançare la flaqueza del mi poco saber.

Vos, fijo, me preguntastes primera mente que cosa es Dios et depues que cosa son los angeles et para que fueron criados; et que cosa es Parayso et para que fue fecho; et eso mismo el Infierno; et que cosa son los çielos et para que fueron fechos; et que cosa son las planetas et las otras estrellas et para que fueron fechas; et que cosa son los elementos et para que fueron fechos; et que cosa es el omne et para que fue fecho; et que cosa son las vestias et las aues et los pescados et las yerbas et los arboles et las piedras et los metales et la tierra et la mar et las otras cosas et para que fueron fechas; et por que consiente Dios que los buenos ayan mucho mal et los malos mucho bien; et quales son las cosas que el rey deue fazer para que sea buen rey et mantenga bien a si et a su regno et a su estado; et qual es entre los omnes el mas alto et mas onrado estado; et qual es el mayor et mas onrado estado entre los legos; et qual es el mayor plazer que omne puede auer, et qual es el mayor pesar; et que cosa es cauallería et commo la puede omne mejor auer et guardar. Entonçe respondi uos yo segund el mi flaco entendimiento a algunas dellas: primera mente a lo que me preguntastes que cosa es Dios et por que consiente que los buenos ayan mucho mal et los malos mucho bien; et quales son las cosas que el rey deue fazer para que sea buen rey et que mantenga bien a si et a su regno et a su estado; et qual es entre los omnes el mas alto et mas onrado estado, et qual es el mayor estado entre los legos, et qual es el mayor plazer que omne puede auer, et qual es el mayor pesar; et que cosa es cauallería et commo la puede omne meior auer et guardar, ca las otras cosas que uos non respondi ....

Capítulo XXXII. Commo el cauallero ançiano responde al cauallero nouel que cosa son los angeles
—A lo que me preguntastes que cosa son los angeles et para que fueron fechos et criados, fijo, esta non es vna pregunta, ante son dos. Et vna pregunta es que cosa son los angeles, et otra, para que fueron criados. Et a lo que cosa son los angeles, fijo, ya vos dixe que las preguntas que me fazedes son de muchas sçiençias, et que omne muy letrado abria a fazer que cuydar para dar vos respuesta dellas. Et a esta pregunta que me agora fazedes que cosa son los angeles, omne que non sea muy letrado non puede responder a ello conplida mente, ca las cosas que son spirituales et que non caben en todos los sesos corporales ... tan conplida mente commo auia

mester. Et todo lo que se puede saber de las cosas spirituales non alcançan a ello todos los sesos corporales, ca la cosa spiritual non se puede veer con los corporales, nin se puede palpar nin se puede oler; mas puedese ende oyr, et de lo que omne ende oye puede depues fablar en ello. Et asy de los çinco sesos corporales, los que son oyr et fablar alcançan algo de las cosas spirituales, et lo que estos dos sesos alcançan, judga et entiende depues la razon natural et el entendimiento; et por el entendimiento, el omne que non es letrado non puede judgar tan conplida mente commo era mester en las cosas spirituales, por que non le oyo nin fablo en ello tantas vegadas por que conplida mente lo pudiesse entender. Et asy yo, que non so letrado nin pertenesce al mi estado, nin oy nin fable tanto en las cosas spirituales por que me pudiesse caer conplida mente en el entendimiento, non uos deuedes marabillar si uos non respondiere a esta pregunta tan conplida mente commo avia mester. Pero lo que mi entendimiento alcança en esta razon es por las obras que oy dezir que fazen los angeles; et por ende uos digo que lo que yo entiendo es esto: los angeles son cosas spirituales ... et que non pueden auer cosa por que cayan en pena nin en culpa et que son puestos en ordenes, segund nuestro sennor Dios touo por bien et entendio que se podria mas seruir dellos. Et la razon para que los crio tengo que es para que sea loado por ellos et se sirua dellos segund pertenesçe a aquellas ordenes en que los puso.

Capítulo XXXIII. Commo el cauallero ançiano responde al cauallero nouel que cosa es el Parayso
—A lo que me preguntastes que cosa es el Parayso et para que fue fecho, et esso mismo el Infierno, fijo, estas me semejan quatro preguntas. Ca vna pregunta es que cosa es el Parayso, et otra para que fue fecho; et otra que cosa es el Infierno, et otra para que fue fecho. Fijo, verdat uos digo que yo esto en cuydado que fare a estas preguntas que me fazedes. Ca si uos respondo muy de ligero, vos ternedes, et avn yo eso mismo, que so en ello rebatado; et si tardo en la repuesta, amos ternemos que so perezoso. Et qual quier destas maneras, seer omne perezoso o rebatoso, son malas maneras et muy dannosas et muy graue de se guardar omne de ... dellas por la manera que yo entienda, pero la manera ... commo se puede guardar

... toda cosa granada de que se ... pero non se deue omne ... que el mismo et otros de ... quien se conseja fablen en ello algunas uegadas et a lo menos fasta que passe vn dia et vna noche, et faziendolo asi non rebatado. Mas de que lo oviere acordado commo es dicho, el consejo que fallare por mejor deuelo luego meter en obra et faziendolo asi non perezoso; mas las cosas que pierden por tienpo a que llaman ... de cauallero, a estas non deue fazer ... asi commo las cuyda meterlas luego en obra. Ca, sin dubda, quando el rey ve por el ojo a su enemigo que lo viene a matar o el a el, o otras cosas semejantes destas, non es entonçe tienpo para tomar luengos consejos. Et asi en las cosas que non an tienpo non puede omne tomar otro consejo si non fazer lo mejor que entendiera, segund la priessa en que esta, et rogar a Dios, que es fazedor et endereçador de todas las cosas, que lo endereçe a lo mejor. Et pues que en estas cosas que me vos preguntades yo he pensado, quanto el mi flaco entendimiento alcançar puede, commo responda a ellas, si mas lo alongasse, non podria scusar que fuese perezoso. Et por la primera razon que me preguntastes, que cosa es el Parayso et para que fue fecho, vos respondre luego, et depues vos respondre a lo que me preguntastes del Infierno.

Digo vos que, segund mi entendimiento, esta pregunta tanne en razon et en fe. Et la razon me da entender que el Parayso es lugar conplido de todo plazer, por que es lugar spiritual, que es en Dios et Dios en el, et a conplimiento de todo bien, et non puede en el auer mengua, et que fue et sera para sienpre sin fin. Et la fe que es en sancta Eglesia me da a entender que todo esto es asy. Et otrosi tengo que la razon para que nuestro Sennor lo ordeno, que fue para que en el oviessen galardon spiritual para siempre los angeles et las almas bien aventuradas, que son cosas spirituales, que biuen et estan sienpre con Dios, que es conplido et conplidor de todos los vienes et de todos plazeres.

Capítulo XXXIV. Commo el cauallero ançiano responde al cauallero nouel que cosa es el Infierno
—A lo que me preguntastes que uos dixesse eso mismo del Infierno, fijo, paresçe me que esta pregunta que me fazedes en tan pocas palabras, que lo fazedes por me prouar, o por que veedes que las preguntas que me

feziestes que eran muchas, et quesiestes las ençerrar boluiendolas con las preguntas del Parayso. Pero desso non fago fuerça, mas quiero vos dezir algo, segund lo entiendo, sobre estas preguntas.

Fijo, estas preguntas que me fazedes, muchas dellas tannen en cosas que pertenesçen a la fe, et los legos non son tenidos a saber dellas, si non crer simple mente lo que sancta Eglesia manda. Que los fechos de Dios, que son muy marabillosos et muy escondidos, non deue ninguno ascodrinnar en ellos mucho, mayor mientre los cuallaleros, que an tanto de fazer en mantener el estado en que estan, que es de muy grant periglo et de muy grant trabajo, que non an tienpo nin letradura para lo poder saber conplida mente. Et por ende non deuen mucho cuidar en ello, et sennalada mente los que son sotiles et entendudos, ca el diablo es tan maestro et tan sabidor que conosçe bien las maneras et las conplissiones de los omnes, et sienpre tienta al omne de aquella cosa en que entiende que mas ayna lo puede engannar. Ca si el falla que segund la conplision del omne es aparejado para vn pecado, de aquel lo tienta; et por ende, quando falla que alguno es muy sotil et muy entendudo, trabajasse del fazer pensar en las cosas que son de Dios et de la fe, marabillosas et muy ascondidas, por le fazer caer en alguna dubda. Ca la sotileza les faze pensar muchas cosas, et por la mengua de la letradura non pueden saber la verdad conplida mente commo es. Et asi podrien caer en grandes yerros et en grandes dubdas. Et por ende yo, que bisque mucho en estado de cauallero et non aprendi otra sçiencia, sienpre fiz quanto pudi por partir el coraçon de non cuydar estas cosas. Et creo verdadera mente que me cunple que me he a saluar por crer conplida mente la sancta fe catolica, et faziendo tales obras quales pertenesçen a los buenos christianos que creen la fe verdadera mente. Et por todas estas razones, a mi deue seer mas escusado si tan conplida repuesta non vos diere; pero aquello poco que yo entiendo en esto, dezir vos lo he.

Digo vos, segund lo que yo entiendo, que el Infierno es cosa spiritual de la yra de Dios, do ay pena sin redenption, et que ovo comienço et que non abra acabamiento. Et la razon que yo entiendo que Dios touo por bien para que fue fecho, fue por que oviessen pena en el aquellos que por su mereçimiento perdieron la gloria en que estauan, et para en que ayan pena para sienpre spiritual mente las almas, que son spirituales, por las malas obras et por los pecados que fizieron los cuerpos en quanto en vno duraron, etc.

Capítulo XXXV. Commo el cauallero ançiano responde al cauallero nouel que cosa son los ciellos

—A lo que me preguntastes que cosa son los çiellos et para que fueron fechos, bien asi commo a otras preguntas muchas vos dixe, bien asi vos digo agora que esta non es vna pregunta, ante son dos: la vna que cosa son los çiellos, et la otra para que fueron fechos. En verdat vos digo, fijo, que a mi paresçe que estas preguntas atales nin fazen a vos mengua de me las preguntar, nin pertenesçen a mi de vos responder a ellas. Ca vos sodes cauallero mançebo, et el que estado de cauallero a de mantener, asaz a que cuydar en commo lo mantenga, et es de buena ventura et fazele Dios mucha merçed si lo puede mantener commo deue. Et a mi, por la mançebia, es marabilla commo vos da la voluntad de cuidar en ello; ca yo, commo quier que so mucho ançiano, por que me mantoue sienpre et vse estado de caualleria, tengo non so de culpar si a estas cosas non vos puedo responder tan conplida mente commo era mester. Mas si me preguntasedes alguna cosa de lo que pertenesçe al estado de caualleria, por aventura vos responderia a ello con recabdo; pero cuydo que la dexades por que tenedes que vos he ya respondido quando vos dixe commo puede omne aver et guardar la caualleria. Et commo quier que yo entonçe uos respondi lo meior que pude entender, quiero vos agora dezir vnas cosas que vos non dixe entonçe.

Vos devedes saber que vna de las cosas que se mas vsa en la caualleria es dezir por los omnes que son ardidos o couardes; et commo quier que las gentes les dizen estos nonbres, non son con razon, mas son por que lo han vsado asi dezir. Mas los nonbres verdaderos en esto son esforçados o medrosos. Et, fijo, sabet que en el esfuerço et en el miedo ay quatro maneras: la vna es seer omne esforçado; la otra es ser quexoso; la otra es seer medroso; la otra es seer spantoso. El esforçado es el que ha esfuerço quando lo deue auer et miedo en las cosas que lo deue auer. El quexoso es el que a esfuerço quando lo deue auer et ha esfuerço quando lo non deue auer: ca la quexa del coraçon non le dexa sofrir el miedo. El medroso a esfuerço quando lo deue auer et miedo quando lo deue auer. El espantoso

33

ha miedo et spantase de lo que deue auer miedo et espantase de lo que non ha razon por que deue auer miedo. Et en estas razones ha muy grant despartimiento entre el quexoso et el espantoso. Et cada vna dellas son malas maneras; ca el quexoso da a entender que non ha miedo de ninguna cosa, et non cata en ello razon nin cordura; et asi commo lo comiença sin razon, asi saldra ende mucho ayna sin razon. Et otrosi el espantoso, bien podedes entender quanto mala manera es para cauallero, et non es para entender si a miedo con razon o sin razon. Mas el esforçado et el medroso se paresçen por estas palabras que he dicho. Ca yo digo que el esforçado es el que ha esfuerço en lo que deue auer, et miedo quando lo deue auer; et el medroso ha esfuerço quando lo deue auer, et miedo quando lo deue auer. Et sin dubda esto es verdat, que asi lo fazen cada vno dellos. Mas si en alguna cosa non obiere entre ellos apartamiento, tan loado seria el medroso commo el esforçado, pero seer esforçado es mejor que seer medroso. La abantaja que ha entre ellos es esta: el esforçado ha esfuerço quando deue; et quando ha lugar para mostrar su esfuerço, muestra lo et faze sus fechos esforçada mente, et faze esforçar a los suyos et espanta a los otros, et aprouecha se en tal guisa de su esfuerço, que de todo quanto se puede acabar non le finca ninguna cosa. Et quando ha miedo, sabelo muy bien encubrir et da a entender a los suyos que lo non ha, et faze sus fechos con cordura, et ayudase el et ayuda lo Dios; ca si quiera vn exemplo es que dize que «Buen esfuerço uençe mala ventura»; et avn que de las cosas que acaesçen aya miedo, en guisa lo guarda, que todos cuydan que, lo faze por seso mas que por miedo. Et el medroso ha esfuerço quando lo deue auer, et miedo quando lo deue auer; mas quando pleyto a guisado, para lo poder acabar non se esfuerça quanto deuia et faze los fechos a miedo; et por ende non acaba quanto podria de su pro et su onra. Et quando acaesçe alguna cosa de que deue auer miedo, non lo puede encobrir, et por ende esfuerça a los contrarios et pone miedo a los suyos. Et asi podedes entender quanto grant departimiento ha entre el esforçado et el medroso. Et por que vos sodes cauallero mançebo, tengo que esto vos cae de querer saber et aprender mas que otra sçiençia. Et otrosi por que so yo mucho ançiano et bi et passe por muchas cosas en fecho de caualleria, tengo que puedo fablar en ello con verdat, et mas conplida mente que en sçiençia que oviesse mester grant sabiduria et grant studio, et que oviesse aprendido de muy buenos maestros. Et lo que deuedes vos entender por vuestro entendimiento que es mester para vos, ... responder vos he a esto que vos preguntades que cosa son los çiellos. Ca muchas cosas ha en los çiellos que se pueden entender por entendimiento de omne, avn que otro maestro non gelas muestra, et otras cosas ha en ellos que se non pueden saber si otro non gelas mostrare. Et por que esta sabiduria non se llega nin punto al estado de caualleria, de lo que omne a de aprender della de otri, non vos sabria dar recabdo. Mas lo que yo ende se es por que lo aprendi andando muchas noches de noche, et madurgando algunas vezes por guerras et algunas por caça et veyendo las vnas estrellas en qual tienpo nacen et en qual tienpo se ponen; et commo el sol et la luna et las otras çinco estrellas commo salen en oriente, et commo se ponen en oçidente, asi commo las otras estrellas. Et veyendo el sol et la luna et las otras çinco que andan ellas por si de oçidente contra oriente, et que passan las vnas por las otras, esto me da entender que son ocho çiellos, et que anda en cada vno de los siete çiellos cada vna destas estrellas, et que vno es mas alto que otro. Ca si todas andudiessen en vn çiello, non andarian las vnas por las otras et cunplirian su camino tan ayna commo las otras. Et asi para estas siete estrellas conuiene que aya siete ciellos. Et para que esten las otras que non se mueben et que non lieuan los otros çiellos en que stan las otras siete estrellas, conuiene que aya otro çiello que faga esto. Et asi, segund lo que yo entiendo, estos ocho çiellos non se pueden escusar; et si mas ay, non alcançan mas el mi entendimiento, saluo ende que muchas vegadas bi que algunas destas siete estrellas que van de oçidente a oriente et que yendo su camino derecho tornan a andar de oriente a oçidente et desque avian asi andado vn tiempo, tornauan a su camino et yuan de oçidente contra oriente; pero a mi paresçer non venian por aquel camino mismo que tomaron quando yuan de oriente contra occidente. Et por estas razones me paresçe a mi que sin la razon que les faze yr de ocçidente a oriente, que otra razon ay por que andan de oriente a ocçidente, et despues se tornan andar en su camino derecho. Otrosi tengo que pues el çiello en que andan las estrellas que non andan es mas alto que todos, et paresçen las estrellas aca, por ende tengo que son muy claros. Et lo que yo entiendo por mi entendimiento de los çiellos es esto. Et la razon por que nuestro Sennor los fizo, el la sabe, mas lo que yo ende cuido es esto: tengo que los fizo por que el fuesse loado en fazer tan noble cosa et tan conplida, et por que fuesse puesto en ellos el sol et la luna et las estrellas, que por la merçed et la piadat de Dios dan virtud para se mantener las cosas que son aca en la tierra. Ca sin dubda non ha omne que bien pare mientes en los fechos que nuestro sennor Dios faze en el cielo et en la tierra, que non le deua mucho amar et loar et mucho temer; et parando mientes quanto marabillosa mente fizo los ciellos et la tierra et la mar et las otras cosas que en ellos son, que non le deua mucho loar; et parando mientes commo por el grant poder los mantiene et los desfara quando el quisiere, que non le deua mucho temer. Otrosi parando mientes quanto piadosa mente mantiene el mundo et da los tenporales, por que naçen los fructos de que se mantienen los omnes et las animalias; et commo los da a todos mantenimiento, por que se puedan mantener por la piadat de Dios, et entendiendo quanto vien galardona las buenas obras et quanto piadoso es contra los errados, que mucho non le deua amar. Et segund mi entendimiento esta es la razon por que el quiso que fuessen los çiellos. Et lo mas desto, los que son muy letrados o aprendieron de otros maestros lo pueden saber, mas el mi entendimiento non alcança mas desto.

Capítulo XXXVI. Commo el cauallero ançiano responde al cauallero nouel que cosa son los alementos
—A lo que me preguntastes que cosa son los alementos et para que fueron fechos, ya otras muchas vegadas uos he dicho que cada vna destas preguntas son dos, et esso mismo vos digo agora, que vna pregunta es que cosa son los alementos, et otra, para que fueron fechos. Et muchas vegadas vos he dicho, en otras preguntas que me feziestes, que a mi paresçe que estas preguntas que me fazedes que nin fazia a vos mengua de me las preguntar, nin perteneçia a mi de uos responder a ellas. Et commo quiera que yo creo que lo fazedes a buena entençion, sabet que he muy grant reçello que abre de fincar con bergüença, et que por aventura non vos podre responder tan conplida mente como vos avedes mester. Et si en la repuesta oviere algun yerro por aventura, que se vos seguira ende danno.

Ca en el oyr et en el fablar conteçe asi: que avn que omne diga muchas buenas razones, si dize entre ellas alguna que non sea tan buena, mas paran los omnes mientes en aquella que non es tan bien dicha, que non en todas las otras, por bien dichas que sean. Otrosi el que oye alguna cosa, et sennalada mente quando la oye de alguno de quien quiera aprender, si aquel que la muestra non fabla en aquella cosa muy verdadera mente et muy conplida, es muy grant danno al que la ha de aprender. Ca sienpre fincara en aquella entençion, et cuydara que sabe la verdat de aquella cosa, et por aventura non sera asi. Et asi fincaran omnes non tan bien commo avian mester: ca el que muestra fincara engannador, et el que aprende fincara engannado, cuydando que sabe la cosa non la sabiendo. Et por ende deue mucho catar el que dize la cosa que la entienda et sepa lo que dize, et el que oye que faga quanto pudiere por que oya et aprenda cosas buenas et aprouechosas. Ca los mas de los fechos todos se fazen bien o el contrario por el oyr o por el fablar. Et vos, fijo, deuedes saber que quantos fechos ay son de vna de quatro maneras: vnos ay que en diziendo los paresçen buenos, et quanto omne mas en ello cuydare, tanto fallara que son mejores, asi commo las obras que se fazen a seruiçio de Dios, que en cuydar en ellas es vien et en fazerlas es mejor. Et otros fechos ay que en cuydando en ellos paresçen mal, et quanto mas en ellos cuydaren, fallaran que son peores. Et por que son asi malos, los defiende Dios et la ley. Ca muchas cosas ay que son defendidas por que son malas, et otras que non son malas si non por que son defendidas. Et otras cosas ay que, en cuydandolas, pareçen bien, et de que bien cuydaren en ellas, fallaran que son malas; asi como si vn sennor que troxiesse su consejo et su fazienda muy mal errado, et mandaseli algun su vasallo que feziesse alguna cosa que fuesse el vasallo çierto que era su deseruiçio o su danno; tal fecho commo este o sus semejantes paresçen luego bien, en quanto paresçe que faze omne mandado de su sennor, mas quanto en el mas cuydare, si lo entendiere derecha mente, fallara que es mal. Ca non deue omne fazer cosa que sea danno de su sennor por conplir su uoluntat, fasta que sea en tal estado que entienda que manda lo que es su seruiçio. Et el vasallo que de otra guisa lo faze, cae en tan grant yerro quanto grande es el danno que el sennor reçibe por conplir su uoluntad o su mandamiento.

37

Otras cosas ay que paresçen luego malas, et de que en ellas cuydaren, fallaran que son buenas; asi commo si omne ve que su sennor faze o quiere fazer muy grant su danno, toda cosa que el buen vasallo pudiere fazer por que el sennor sea guardado de tomar aquel danno, avn que sepa quel pesara ende, non deue dexar de la fazer. Ca commo quiera que paresçe mal en fazer omne contra uoluntad de su sennor, pudiendol partir, mucho peor es conplir su uoluntad en manera quel venga ende danno o desonra. Et por que todas las cosas se fazen por lo que omne oye por lo que dize, segunt que ya vos he dicho desuso, por ende querria que me preguntasedes tales cosas que las sopiesse yo, por que vos pudiesse fablar en ellas en guisa que fincasse ende sin vergüença, et a vos veniesse pro en oyr las et aprenderlas de mi. Mas esta pregunta que me fazedes, que cosas son los alementos et para que fueron fechos, bien entendedes vos que seria muy grant marabilla si yo pudiesse a ella responder conplida mente. Ca esto pertenesçia a omne muy letrado; ca esto es sçiençia et muy sotil et muy graue de fablar en ella omne por su entendimiento. Pero segund lo poco que yo entiendo, tengo que los alementos son quatro cuerpos: el fuego et el ayre et el agua et la tierra; et que eran mas simples al comienço, quando Dios los crio, de quanto son agora; et que en quanto nuestro Sennor tobiere por bien que duren, que seran de cadal dia mas conpuestos. Et por ende tengo que an a seer desfechos; pero esto sera commo et quando fuere la uoluntad de Dios. Otrosi por que fueron fechos, la razon es esta: tengo que fueron fechos para que sea mantenido el mundo, et por que se engendren et se mantengan los omnes et las animalias et todas las otras cosas que son conpuestas dellos et an por ellos vida et mantenimiento, et por que sea Dios seruido et loado de todos.

Capítulo XXXVII. Commo el cauallero ançiano responde al cauallero nouel que cosa son las planetas
—A lo que me preguntastes que cosa son las planetas et las otras estrellas et para que fueron fechas, a mi semeja que esta pregunta son dos, bien asi commo las otras preguntas que me feciestes fasta aqui. Et, fijo, ya vos he dicho muchas vegadas que estas preguntas que son de sçiençias tan sotiles et tan estrannas, que non cae a vos de me las preguntar, nin a mi de uos

las responder a ellas. Ca ya agora grant vergüença se me faze de vos lo dezir mas; ca non a cosa, por bien dicha que sea, que sy muchas vegadas se dize vna en pos otra, que se non enoje della el que la oye. Et por ende dizen que el que alguna cosa quiere mostrar, que lo a dezir en manera que plega con ella a los que la an de aprender; otrosi que la diga en tienpo que la puedan entender et cuydar en ello et non en al, et otrosi que lo diga a tales que entiendan lo que les dize aquel que los quiere mostrar. Sennalada mente esto se deue catar mucho en los que crian et castigan a los moços que son de grant linage, asi commo de reys o de grandes sennores. Ca vna de llas cosas por que pueden seer bien criados et bien acostunbrados los fijos de los grandes sennores, es que aquellos que los castigan sean de buena razon et de buena palabra; ca los fijos de los grandes sennores en ninguna guisa non deuen seer feridos nin apremiados commo los otros omnes de menores estados. Et por ende tengo que los que los an de criar, que les sepan dezir tan buenas razones et en tales tiempos, por que ayan sabor de aprender las cosas por que valdran mas, et se partan de las costunbres et de las cosas que les podrian enpeçer a las almas et a los cuerpos et a las faziendas. Et sennalada mente los deuen enformar en tres cosas: la primera, en amar et en temer a Dios; la segunda, que se paguen de estar siempre con buenas conpannas et non ser apartadizos; la terçera, que sean bien acostumbrados en comer et en beuer. Ca todas las otras cosas, si Dios non las da a omne, non las puede aver. Ca bien entendedes vos que de ningun maestro non puede omne aprender de seer esforçado, nin las otras maneras que omne ha de aver, si Dios non gelo da o el non las ha de suyo. Et commo quiera que el castigo con premia non lo an mester los sennores que son de grant sangre, si non en quanto son moços a lo mas fasta en quatorze annos, pero dende adelante es les mas mester que fasta entonçe que esten con ellos omnes buenos et cuerdos et leales, por que los consejen en tal guisa que mantengan las buenas costunbres en que fueron criados; et que asi como acaeçen los dias, que asi caten en ellas. Et algunas vegadas acaesçe que commo quiere que los moços sean bien criados mientre que son pequennos, que desque comiençan a entrar en la mançebia affuellan mucho sus costunbres et sus faziendas, si aquellos que con ellos son non los sacan dello con buenas razones et con buenos consejos;

et sin dubda, quando los grandes sennores son en tal edat, han su fazienda en mayor peligro que en ningun tienpo. Ca los mas de los que con ellos biuen non catan si non por adobar su pro con ellos; et por auer mas su talante, loanles et consejan les todo aquello en que pueden auer mayor plazer. Et por que la voluntad de los omnes, et sennalada mente de los moços, es sienpre mas aparejada a conplir su voluntad que a catar por su pro et su onra, siguen ante consejo de los que los consejan a su uoluntad que de los que los consejan lo que les cunple mas de fazer. Et por esta razon los que leal mente aman su pro, non pueden fincar con ellos, et an a fincar en poder de aquellos que non catan sy non tan sola mente el pro de si mismos. Et quando por estos malos conseios les viene algun enbargo en sus faziendas, aquellos sus malos consejeros catan los achaques para se partir dellos, et dexan los en el tienpo del mas mester. Ca ellos non les amauan por amor verdadero nin leal, si non en quanto fazian de su pro con ellos, et entonçe, segund el danno que el sennor mançebo abra reçebido, asy abra a pasar fasta que se pueda depues emendar o non. Et por ende es mester que, los grandes sennores ayan, mientre fueren moços, qui los crie et los castigue muy bien. Et de que fueren mançebos fasta que sean en tienpo de auer entendimiento conplido, que ayan qui los conseje bien et leal mientre, et que faga a el Dios tanta merçed que los quiera, et guiar se por su consejo. Et, fijo, todas estas cosas vos digo, por que yo, que so mucho ançiano et visque con muchos sennores, vi sienpre que los mas de los sennores que fincaron moços cayeron en este yerro. Et por que passe por ello et lo vi, uos puedo fablar en ello çierto et verdadera mente.

Mas en lo que me preguntastes de las estrellas et de las planetas, bien entendedes que, segund razon, non vos deuo yo a ello responder conplida mente. Ca la sciençia et la arte de las estrellas non se puede toda saber por entendimiento de omnes en tan poco tienpo commo en el que agora los omnes biuen; et otrosi non la puede aprender otri si non el que es muy letrado; et asi, por estas dos razones, non la puedo yo saber. Et commo quier que yo mucho anciano sea, non pude en mi tienpo ver nin entender todo el movimiento del çiello, por que pudiesse entender los cursos et los mouimientos et los fechos et las cosas que se fazen por la virtud que Dios puso en las estrellas; et otrosi por que yo nunca non lo pude aprender de

otri. Et por ende non vos marabilledes si uos non respondiera a esto conplida mente. Pero aquello que yo entiendo, dezir vos lo he.
Ya desuso vos dixe que en los siete çiellos avia siete estrellas: el sol et la luna et otras çinco; et estas siete que andan de oriente a ocçidente, asi commo las otras estrellas, et esto es por que las lieua el çielo en que andan todas las estrellas. Mas el su mouimiento natural de las siete estrellas es de ocçidente a oriente; et digo vos, et tengo, que estas son las planetas. Mas las otras estrellas que lieua el cielo, segund que desuso es dicho, son las que se non mueuen et son puestas a semejança et en nonbre de algunas cosas a que semeian por la calidat que a en ellas; et son casas et possadas de las otras planetas, por que quando llegan a ellas, se faga en las cosas deyuso dellas segund la virtud et el poder que Dios puso en ellas, todavia commo fuere uoluntad de Dios que se cunpla. Et otrosi la razon por que fueron fechas tengo que es para alunbrar el dia et la noche; et el sol, el dia; et la luna et las otras estrellas, la noche; et para que se crien et se mantengan las criança que son deyuso dellas por la uirtud et el poder que Dios en ellas puso; et sobre todo por que sea loado nuestro sennor Dios por la grant uirtud et el grant poder que en ellas puso; et por la grant bondat et grant sabiduria que mostro que ha en fazer tan grant et tan buena obra.

Capítulo XXXVIII. Commo el cauallero anciano responde al cauallero nouel que cosa es el omne

A lo que me preguntastes que cosa es el omne, et para que fue fecho, asi commo otras uegadas vos dixe, todas vuestras preguntas que me vos fazedes son dobladas, et esso mismo es en esta, et la pregunta en si paresçe ligera, pero quien bien quisiere cuydar en ello, non fallara que es tan ligera. Ca en quanto el omne es cosa que paresçe todo el dia el su cuerpo et las sus maneras, paresçe mas ligero de responder que cosa es que non los angeles nin el Parayso nin el Infierno nin las otras cosas a que vos he ya respondido asi commo yo entendi. Mas que en el omne ha otras cosas que non paresçen, es muy fuerte cosa et muy graue de responder a todo lo que en el es. Ca, sin dubda, non ha cosa en el mundo en que los omnes tanto se engannen, et es muy sin razon. Ca quanto omne es mas luenne de la cosa, tanto es menos

çierto della, et quanto es mas cerca, deuia ser mas çierto. Et asy non a cosa de que el omne ... et por ende lo deuia conosçer mas que a otra cosa. Et si bien quisierdes cuidar en ello, fallaredes que non es asi. Ca non tan sola mente yerra el omne en conosiçer a otro omne, ante yerra en conoscer a sy mismo. Ca todos se precian mas o menos de quanto deuen, o cuydan que son en mayor estado o en menor de quanto es la verdat. Et, sin dubda, este es muy grant yerro et muy dannoso. Ca si el omne non cognosçe su estado, nunca lo sabra guardar; et sí non lo guardare, todo su fecho traera errado. Et los estados son de tantas maneras que lo que pertenesçe al vn estado es muy dannoso al otro. Et bien entendedes uos que si el cauallero quisiere tomar estado de labrador o de menestral, mucho enpesçe al estado de caualleria, et esso mismo si estos dichos toman estado de caualleria; otrosi si el rey toma manera de otro omne de menor estado que el, mucho yerra al su sennorio. Ca segunt dizen que dixo vn rey que fue muy sabio, que avia ya mas de treynta annos quando començo a reynar, el primer día de su reynado començaron todos fablar connel asi commo ante que fuesse rey; et el dixoles a todos que sopiessen que vna cosa era rey et otra infante. Et pues estos que son tan cerca touo el por tan alongados, syn dubda mas alongado deue ser el rey en los fechos et en las obras de todos los otros estados que son menores. Et por ende, la primera cosa que omne puede fazer es conosçer su estado et mantener lo commo deue; et el mayor yerro que omne puede fazer es en non conosçer nin guardar su estado. Pero fallaredes que si los mas de los omnes yerran en esto, et otrosi en conosçer a si mismos et a sus estados, menor marabilla es en errar en conosçer los otros. Pero non dexa por esso de ser grant yerro et muy dannoso. Ca muy gran yerro es, pues el omne puede conosçer et conosçe vna vestía o vn aue o vn cam, con que vse vn poco de tienpo, commo quier que nunca le puede fablar, et non conoscer al omne con quien fabla todo el día por grant tienpo que en vno duren. Et asi, pues el omne es de tan estrannas maneras, non uos deuedes marabillar si conplida mente non uos pudiere dezir que cosa es el omne et para que fue fecho. Pero aquello poco que yo entendiera, dezir vos lo he.
Fijo, el omne es una cosa et semeja a dos: el en si es animal mortal razonal; et a las cosas que semeja, es al mundo et al arbol trastornado. Et la razon por que es animal mortal et razonar es por que es conpuesto de anima et

de cuerpo, et el alma le faze auer razon; et por la razon que ha mas que las otras animalias es omne. Ca las cosas naturales, por que todas las animalias se an a mantener, mas conplida mente las an que non los omnes. Mas los omnes an razon, lo que non an las animalias; et por ende el omne que ha mas razon en si es mas omne; et quanto a menos della, tanto es menos omne, et es mas allegado a las animalias que non an razon. Et por que es conpuesto de alma et de cuerpo, conuiene que sea mortal quanto el cuerpo; et por que se engendra et biue et creçe et faze las otras cosas asy commo las otras animalias, es animal. Et asi, por estas razones dichas, tengo que el omne es animal razonal mortal, commo dicho es.

Otrosi semeja al mundo; ca todas las cosas que son en el mundo son en el omne; et por ende dizen que el omne es todas las cosas. Et, fijo, alguno podría dezir que non es verdat esto, ca el omne non es piedra, nin el omne non es arbol, nin el omne non es vestía, nin ave, nin el omne non es ayre nin agua nin fuego nin tierra, nin el omne non es angel nin diablo. Pues asi es paresçe que non es verdat que el omne sea todas las cosas. Et bien cred, fijo, que el que esto dixere et lo entendiera en esta guisa quel seria muy graue del dar respuesta a todas preguntas que me vos feziestes. Mas la manera en que omne semeia al mundo, et es todas las cosas, es en esta manera que vos yo dire. El omne es piedra en ser cuerpo; ca asi commo la piedra es cuerpo, asi el omne es cuerpo. Otrosi, asy commo el arbol et las otras planctas naçen et creçen et an estado et envegeçen et se desfazen, vien asi el omne faze estas cosas; ca naçe et creçe et ha estado et envegeçe et se desfaze quando se parte el alma del cuerpo. Otrosi, commo las vestias et las aues et las otras animalias fazen todo esto et demas que sienten et engendran et biuen, bien asi lo faze el omne. Otrosi, vien asi como el ayre et el fuego et el agua et la tierra son quatro elementos, asi el omne a en si quatro humores; que son la sangre et la colera et la flema et la malenconia. Et asi commo el angel es cosa spiritual que nunca a de aver fin, al que Dios tanta merçed fiziere que, por las obras que obiere fechas el cuerpo en quanto el alma estudiere en el, mereçiere aver la gloria de Parayso, sienpre la abra et nunca abra fin. Et asi commo el diablo, que es cosa spiritual, puestol esta en las penas del Infierno por sus mereçimientos, asy es el alma mal aventurada, que por las obras que fizo el cuerpo en que ella estaua mientre que fue al mundo, mereçiere auer las penas del Infierno, desque en el fuere, nunca abra redenpcion. Et asi, fijo, podedes entender que el omne semeia mucho al mundo, por que ha en el todas las cosas; et por que todas las cosas del mundo crio Dios para seruicio del omne. Otrosi, que es todas las cosas, non por que el omne sea todas las cosas, mas por que ha parte et semeiança en todas las cosas.

Otrosi semeja el omne al arbol trastornado. Ca el arbol tiene la rayz en tierra et depues el tronco et depues las ramas, et en las ramas naçen las fojas et las flores et el fructo. Ca de la buena rays sale buen tronco, et del buen tronco salen buenas ramas, et de las buenas ramas salen buenas fojas et flores et buen fruto, et del mal arbol todo el contrario. Et todas estas cosas conteçen en el omne. Ca la rays del omne es la cabeça do esta el meollo que gobierna et faze sentir et mouer todo el cuerpo, et el tronco es el cuerpo, et las ramas son los mienbros, et las fojas et las flores son los çinco sesos corporales; et los pensamientos et las obras, el fruto. Et si el meollo, que es la rayz, fuere de buena conplission, todo el cuerpo, que es el tronco, segund razon deue ser de buena conplission. Et si el cuerpo fuere de buena conplission et bien egualada, los mienbros otrosi, que son las ramas, seran tales quales deuen. Et si ellos fueren bien ordenados, los cinco sesos corporales et los pensamientos seran conplidos et faran conplida mente su obra. Et si el cuerpo et los sesos corporales, que son manera, fueren bien ordenados et bien conplidos, deuemos crer que Dios, que faze todas las cosas con razon, por la su merçed et por la su piadat querra que sea y puesta buen alma, que es la forma, por que faga sus fechos con razon; et assy fara buenas obras, que es el fructo. Et asy, por estas cosas, semeia al arbol trastornado.

Et para saber el mismo que obras faze, el que cuerdo fuere deue cadal dia requerir en si mismo que son las obras que fizo aquel dia, tan bien de las buenas commo de las contrarias, et acordar se commo es christiano et que deue saber et creer todos los artículos de la fe que cree sancta Eglesia et los sacramentos de la fe et los diez mandamientos que Dios dio en la ley et las obras de misericordia et los pecados mortales. E los artículos de la fe son quatorze: los siete pertenescen a la diuinidat, et los siete a la humanidat. Et los siete que pertenecen a la diuinidat son estos: el primero, deuemos crer en Dios; el segundo, que es Padre; el terçero, que es Fijo; el quarto, que es Spiritu Sancto; el quinto, que crio el çielo et la tierra; el sexto, que por la sancta fe catholica et por los siete sacramentos se saluan las almas et se perdonan los pecados; el seteno, que por el poder de Dios resusçitaremos et abremos vida perdurable, segund nuestros merecimientos: los buenos, en el Parayso en cuerpo et en alma; et los malos, en el Infierno en cuerpo et en alma. Et los siete que pertenecen a la humanidat son estos: el primero, que Ihesu Christo fue concebido por Spiritu Sancto en el cuerpo de la virgen sancta Maria; el segundo, que naçio el della verdadero Dios et verdadero omne; el tercero, que fue muerto et soterrado; el quarto, que descendio a los Infiernos et saco ende a los padres sanctos; el quinto, que resuçito al terçero dia; el sexto, que subio a los çielos; el seteno, que verna a iudgar los viuos et los muertos. Et los sacramentos de la fe son siete: el primero es baptismo; el II, confirmacion; el terçero, el cuerpo de Ihesu Christo; el quarto, penitencia; el quinto, la postremera vncion; el sexto, orden; el septeno, casamiento. Et los dies mandamientos son estos: el primero, que deue omne crer en vn solo Dios et adorar le et seruir le; el ii°, que non deve iurar por el nonbre de Dios engannosa mente nin en vano; el tercero, que deue guardar vn dia sancto en la semana; el quarto, que deue onrar a su padre et a su madre; el quinto, que non deue matar a ninguno a tuerto; el sexto, que non deue fazer forniçio; el seteno, que non deue tomar ninguna cosa por fuerça nin por furto; el octauo, que non deue dezir falso testimonio nin mentira engannosa; el noueno, que non deue cobdiçiar muger agena; el dezeno, que non deue el omne codiçiar ninguna cosa de lo ageno. Et todos estos dies mandamientos se ençierran en dos: el primero, que deue omne amar et temer a Dios derecha mente et sin ninguna enfinta; el ii°, que deuia querer para su christiano lo que querria para si. Et las obras de misericordia son estas: gouernar, vestir et aluergar los pobres por amor de Dios, et visitar los enfermos et redemir los captiuos et soterrar los muertos et castigar a los errados et amostrar a los non sabios et consejar al que ha mester consejo et ayudar al cuytado et perdonar al que ha errado et sofrir al enoioso et ser piadoso a todos los que lo an mester, et rogar por ellos.

Et todas estas obras de misericordia deue omne fazer por amor de Dios verdadera mente, et non por ninguna vana gloria nin alauamiento del mundo. Et los siete pecados mortales son estos: orgullo, envidia, malquerencia, forçar lo ageno, luxuria, comer et beuer desordenada mente et auer pereza de fazer bien. Et, fijo, cada vno destos pecados a tantas ramas que me seria muy graue de bos las contar todas; mas cada que vos confesardes, si el confessor fuer bueno et entendudo, el fara en guisa que en qual quier manera que ayades caydo en qual quier destos pecados, que el vos dara consejo. Et por ende vos et todos los que se confiessan deuen fazer quanto pudieren por que aquel con qui se an de confessar sea el mas entendudo et el mas letrado que pudieren auer. Ca bien sabedes que el que enferma fara quanto pudiere por auer el mejor fisico que pudiere fallar; et avn, que si le adolesçe alguna vestia, busca el mejor albeytar que puede. Et pues para las bestias et para los cuerpos, que son cosas falleçederas, buscan los omnes los mejores maestros que pueden para los guareçer, muy mayor razon es que caten et escojan lo mas que pudieren los omnes entendudos et letrados que.les den consejo a las almas por que ayan la gloria del Paraiso et sean guardados de las penas del Infierno. Et çierta mente, fijo, si pudiese ser que el omne non cuydase en al si non en quant grande es la gloria del Parayso, et quanto deuia omne fazer por la auer, et quan grande es la pena del Infierno, et quanto deuia omne fazer por non caer en ella, seria muy bien. Mas asy commo el onine, que es mundo menor, es conpuesto et se mantiene por el alma et por el cuerpo, bien asi el mundo mayor se mantiene por las obras spirituales et tenporales. Et commo los estados de los omnes, que an mester muchas cosas corporales, non se podrian mantener si los omnes siempre cuydassen en las cosas spirituales, por ende conuiene que cada omne cuyde et obre en las cosas tenporales segunt pertenece a su estado. Et si asi non lo faze, yerra lo muy mal et non faze seruicio a Dios en ello. Ca el que non quiere cuydar si non sola mente en los fechos spirituales, non aprouecha si non a el mismo; mas el que cuyda et obra en las cosas spirituales et tenporales commo deue, aprouecha a si mismo et a otros muchos. Et por ende cunple que si pudiere cadal dia, si non mucho a menudo, que requiera a sus obras segunt desusso es dicho. Et si fallare que passo en buenas obras, gradesca lo mucho a Dios et lieuelo adelante. Et si fallare que en alguna cosa erro, arrlepientase et punne de lo emendar. Ca todo omne deue saber por cierto que Dios es muy piadoso et muy iustiçiero, et non deue ninguno tener que la piadat de Dios es tamanna que dexara los malos fechos sin pena, ca si lo fiziesse seria contra la iustiçia. Mas deue tener por firme, que tanto fizo Dios por saluar los omnes et tan cara mente los conpro por la sangre misma, que si omne se repentiesse et fiziesse derecha mientre la enmienda que deue, segunt la sancta Eglesia lo ha ordenado, que el le abria merçed et piadat. Ca, sin dubda, tan flaca es la naturaleza de los omnes, que abes puede seer que non cayan en algun yerro. Et avn, segun yo entiendo, pocos o ningunos son los que en algun yerro non caen contra nuestro sennor Dios; ca los pecados son de tantas maneras, et el mundo et el diablo et la carne et la voluntad son tan engannosos, que por fuerça a omne de caer en algun yerro. Pero deue omne auer buena sperança que si el se arripiente quel abra Dios merçet. Ca çierto es que Dios crio todas las cosas de nada, et non puso y si non la voluntad sola mente; et assi commo lo quiso, asy fue fecho. Pues çierto es que mas ligera cosa es fazer de algo algo que de nada algo. Et pues Dios crio el mundo de nada, asi pudiera redimir los omnes con nada sy quisiera. Mas fizolo el mas con razon et mas piadosa mente; ca por la su grant piadat quiso omillarse tanto fasta que quiso seer omne verdadero. Et demas quiso sofrir muchas penas en su cuerpo et esparzer su sangre et encima tomar muerte por redemir los nuestros pecados. Et asi buena sperança pueden auer los pecadores, que pues Dios, que todo el mundo crio de nada et los podria redemir con nada, et pues tanto fizo por ellos, que si por ellos non fincare, que siempre fallaran en el merçet conplida. Et asi, fijo, segund mi entençion, por estas razones que vos he dicho, tengo que el omne es animal mortal razonal, et sennalada mente semeja al mundo et al arbol trastornado, segund desuso vos he dicho.

Otrosi, la razon por que Dios lo crio todo lo sabe el; mas lo que yo ende cuydo es esto: tengo que lo crio por quanto el mundo dure sea seruido et loado por ello; et desque el alma se partiere del cuerpo, si fíziere tales obras por que lo meresca auer, vaya a la gloria del Parayso, por que se cunplan los lugares de aquellos que cayeron ende et perdieron aquella gloria por su mereçimiento.

Capítulo XXXIX. Commo el cauallero ançiano reprehendio sotil mente al cauallero nouelen manera del preguntar

—Fijo, fasta aqui todas las preguntas que me vos fiziestes fueron senziellas et dobladas. Ca eran senziellas, por que non preguntauades sy non por vna cosa; mas otrosi eran dobladas, por que me preguntauades que era aquella cosa, et para que fuera fecha. Mas en estas a que avn non vos he respondido non feziestes asi, ante me preguntastes muchas cosas en vno; et tengo que pues vos tantos afincamentos me feziestes que vos respondiesse a muchas cosas, que me era muy graue de fazer por la mengua del entendimiento que en mi ha; et por que non se ninguna cosa de las sçiençias que fazen al omne muy sabidor, por ende oue a tomar muy grant cuydado para vos responder a ellas; et por el afan et por el enojo que yo tome, quiero vos responder vn poco, por que vos otrosi tomedes algun enbargo o enojo.

Fijo, vos deuedes saber que vna de las cosas que omne deue guardar en lo que faze, et avn en lo que dize, es que non mude la manera de commo lo ha començado, saluo si non fuere buena, o si la puede fazer o dezir mejor. Et uos en quanto mudastes la manera de non fazer estas preguntas commo las otras, tengo que vos puedo reprehender; mas la mi reprehension uos deue ser tal commo el castigo del padre o del buen amigo leal. Ca el padre, quando fiere al fijo pequenno, si le fiere con la vna mano, dal del pan con la otra. Et si el padre o el buen amigo le castiga depues que es en tienpo para lo castigar de palabra, castiganlo en manera que se parta de los yerros et que faga las cosas que deue. Et non gelo dize en manera nin en lugar quel pueda ende venir danno nin desonrra. Et en las cosas de que se puede mucho aprouechar, ayudanle quanto pueden por que las acabe; et en las cosas quel non cunplen mucho, non fazen grant fuerça en le ayudar en ellas. Mas non faze asy el amigo apostizo, que quando a de castigar o de consejar a alguno, en tal manera et en tal lugar gelo dira que sienpre finque ende con danno o con desonra o con vergüença. Et esso mismo fara en las obras que fiziere. Ca si le ouiere de ayudar en cosas de que se aproueche poco, fara mucho en su ayuda por que lo acabe, et dara entender quel ayuda mucho; et si fuere cosa de que se aproueche mucho, dando entender quel ayuda, fara quanto pudiere por que non lo acabe. Et en esta manera puede omne entender qual es su amigo verdadero. Et sabet, fijo, que los amigos verdaderos son los que se aman por buenos deudos que ayan en vno, et por buenas obras que son entre ellos de luengo tienpo, et que del vien que al vno viene que non viene danno al otro. Et los amigos apostizos son los que se aman por el mester, et que la pro del vno es danno del otro. Et por que todas las razones que han los amigos buenos entre si son entre vos et mi, fio por Dios que el mi castigo o el mi reprehendimiento que sienpre vos sera commo de padre o commo de buen amigo, et non commo de amigo apostizo. Et pues vos yo reprehendo por que mudastes la manera en las preguntas, non lo quiero yo mudar en las repuestas, ante vos quiero responder a cada vna sobre si.

Capítulo XL. Commo el cauallero anciano responde al cauallero nouel que cosa son las vestias

—A lo que me preguntastes que cosa son las vestias et las aves et los pescados et las herbas et los arboles et las piedras et los metales et la tierra et la mar, et todo esto para que fue fecho, ya vos dixe que tenia que era esto de reprehender, por que mudarades la manera de commo me fiziestes las otras preguntas; et por ende sabet que non mudaria la manera de las respuestas. Ca bien entendedes vos que muy mal pareçe al omne, et sennalada mente al que castiga o muestra a otro, si el mismo cae en el yerro que castiga o muestra al otro de que se guarde. Et por ende vos respondre a cada vna destas preguntas que avn non vos he respondido, segund aquel poco entendimiento que yo he, que es cada vna dellas et para que fue fecha.

Et de las vestias vos digo que tengo que non es muy ligera respuesta de dar, por que las vestias son de muchas maneras et de muchas naturas et naçen en muchas tierras estrannas; et las que son en vna tierra non son en otra. Ca dellas ha que caçan et toman a otras, asi commo la natura de los leones et de las onças, que llaman en algunas tierras pardos, et de los leopardos, que son conpuestos de los leones et de las pardas, o de los pardos et de las leonas, et de los ossos et de los louos. Et otras bestias ay pequennas que caçan caças pequennas, et de noche, a fuerça o con enganno, asy commo xymios et adiues et raposos et maymones et fuynas et tessugos et furones et gardunnas et turones, et otras bestias sus semejantes. Otras bestias ay que son conpuestas de cauallos et de asnos; et a estas vestias llaman mulos a los maslos, et mulas a las fembras; et son mejores los fijos de asno et de yegua que non los que son fijos de cauallo et de asna. Et estas vestias que son asi conpuestas non engendran; bien asi commo los leopardos que non engendran por que son conpuestos de leones et de pardas. Otras bestias ay que son caçaderas et ellas non caçan, asi commo puercos jaualies et cieruos et ganzellas et zarafas et vacas brauas et asnos brauos et carneros brauos et cabras brauas et gamos et corços, et otros sus semejantes. Otrosi ay otras bestias pequennas que se caçan, asi commo liebres et conejos et otras sus semejantes. Otras bestias ay que an los omnes et biuen sienpre connellos, et estas son las naturas de los canes, asi commo alanos et sabuesos et galgos et podencos et mastines, et todas las otras maneras de canes que son conpuestos destas naturas de canes dichas. Otras bestias ay que crian los omnes et a uezes biuen en las caças et a uezes en los montes, asi commo la natura de los cauallos et de los asnos. Otras bestias ay que non caçan, et por la su grandez et la su fuerça non las caça otra bestia, asi commo los marfiles, a que llaman elefantes, et los vnicornios et camellos. Otras bestias ay que naçen en los yermos et biuen siempre alla, pero guardan las los omnes et, quando quieren, traenlas a los poblados, asy commo las vacas et las ovejas et las cabras et sus semejantes. Otras bestias ay que se crian a las vezes en el agua et a las vezes en la tierra, asi commo coquedrizes et los castores et sus semejantes. Otras bestias ay que biuen en la tierra et a las vezes entran en el agua, asi commo culebras et sapos et ranas et galapagos; et estas bestias son apoçonnadas, et quando andan en la tierra mas seca son lo mas. Otras bestias ay que son ponçonnadas et andan alongadas del agua, asi commo biboras. Otrosi dizen que ay otra manera de bestias poçonnadas a que llaman basiliscos, mas destos nunca bi yo ninguno nin bi omne que lo biesse. Et otrosi alacranes et samalaquesas et lazartos; pero los lagartos, commo quiere que muerden mal, non son muy enconados; et arannas et çentipeas et tarentelas, que son manera de arannas. Et ay otras que son entre manera de bestias et de aues, asi commo morçiellagos et mariposas et avejas et abispas et todas las maneras de las moscas. Et otrosi ay otra manera de bestias que son muy enojosas, et sennalada mente a los caualleros quando acaeçen que andan armados en las guerras, asi commo los piojos et las pulgas, et las çinifes et las formigas et sus semeiantes.

Et, fijo, todas estas bestias son animalias et son entre los omnes et los arboles et las plantas. Ca las animalias cresçen et mantienen se asi commo los arboles et las plantas, et an mas que ellos: que sienten et que engendran; et an menos que los omnes la racion. Et segund el mi poco saber, tengo que en esta manera son las vestias. Otrosi tengo que la razon por que nuestro sennor Dios quiso que fuessen fechas es por mostrar en ellas el su grant poder et el su grant saber et la su grant vondat et la su gran piadat. Ca mostro grant poder en quanto las fizo de nada et las tornara nada quando el quisiere; et mostro grant saber en quanto las fizo tan estrannas et muy desbariadas vnas de otras; et todas con razon, segund perteneçia a cada vnas en su natura. Et mostro grant vondat et grant piadat en commo las gubierna cada dia, non abiendo ellas ninguna cosa de suyo; et commo las guarda del frio et de la calentura, a las vnas con cabellos, a las otras con serdas et a las otras con cueros et a las otras con conchas. Otrosi commo les dio armas para se defender et para se gouernar; las unas de dientes, las otras de colmiellos; las otras de cuernos; las otras de vnnas; las de ligereza, de pies; et a cada vnas segund les es mester. Et sennalada mente tengo que las crio para seruiçio et mantenimiento de los omnes.

Et, fijo, ya vos dixe lo que yo tengo que son las vestias, et la razon para que cuido que fueron fechas; mas non vos quis dezir todas las cosas nin propriedades de cada vna destas vestias, et dexe lo por dos razones: la vna, por que si vos obiesse a dezir todas las propriedades dellas, mudaria la manera de todas las otras respuestas que vos he dado fasta aqui; et la otra, por que esto pertenesçe mas a la sçiençia de las naturas et de la fisica que non a la de la caualleria; pero sed çierto que cada vna destas vestias ha en si muchas propriedades et muy estrannas et dellas muy aprouechosas.

Capítulo XLI. Commo el cauallero ançiano responde al cauallero nouel que cosa son las aves

—A lo que me preguntastes que cosa son las aves, et para que fueron fechas, bien vos digo, fijo, que commo quier que es pregunta grande, por que las aves son muchas et de muchas naturas et muy desbariadas las vnas de las otras et de muchas tierras et muy estrannas, pero con todo esto, vna de las preguntas que fasta aqui me feziestes a que tengo que vos puedo responder çierta mente es esta. Et esto tengo que puedo fazer por que la cosa del mundo de que mas vse, en quanto visque al mundo, de caualleria afuera, fue fecho de caça; et por que yo usaua mucho della, obe a saber mucho de las aues: ca non ha cosa que mas se allegue con las maneras del cauallero que ser montero et caçador. Et por que yo entendia que esto cumplia mucho al mi estado, vselo mucho, et otrosi avia ende grant voluntad. Et bien cred, fijo, que la voluntad faze al omne fazer las mas de las cosas que faze; ca si el omne non ha uoluntad de fazer vna cosa, avn que sea buena, o la dexara de fazer o la fara non tan conplida mente commo era mester. Et si a voluntad de fazer alguna cosa, avn que non sea buena, la voluntad le engannara et le fara entender que es buena o que non es tan mala por que deua dexar de la fazer. Et por ende son muy pocos los que de todo pueden conosçer quando les enganna la voluntad. Et son de muy buena uentura los que la pueden forçar por que non fagan lo que non deuen por conplir su uolontad. Et commo quier que muchos dizen et cuydan que por conplir su uoluntad non dexaran de fazer su pro o lo que deuen, muchos lo dizen de palabra, mas pocos lo fazen de fecho. Et esto es grant yerro, et sennalada mente en las faziendas de los omnes; ca muchos ay que tienen que sol que digan muy buen seso et muy buenas palabras que, con tanto, es acabado todo el fecho. Et non es asi, ca en la fazienda misma del omne non cunple el dicho solo, ante es mester la obra. Mas en las faziendas agenas de que omne non ha grant cuydado, sol que diga en ellas lo que es buen sesso por que entiendan que es el muy entendudo et que es desencargado pues lo ha dicho, con tanto a fecho lo quel cunple. Mas en la su fazienda misma, mas cunple que el dicho sea menguado et el fecho conplido, que non dezir muy buenas palabras et grandes sesos, et el fecho, errado. Et por ende deue omne catar tan bien en los sus fechos

commo en los que a el dizen que es la pro que çierta mente ende le puede venir, et tener se a las cosas çiertas et non a las fihuzas dubdosas. Pero al que Dios faze tanta merçed quel da voluntad para fazer buenas cosas et aprouechosas para el alma et para el cuerpo, es de buena bentura en ello. Et asi commo el que de su uoluntad se paga de comer buenas biandas et sanas et se guarda de fazer ninguna cosa que enpesca a la salud del cuerpo, es sennal de ser sano, bien asi el que de su uoluntad faze buenas obras es sennal quel quiere Dios fazer bien en este mundo al cuerpo et en el otro al alma. Et por que yo entendi que la voluntad que yo abia de caçar non me enpeçia para las otras cosas que avia de fazer, nin dexaua por ella ninguna cosa de mi fazienda, vselo asaz quanto me conplia. Ca non deue omne por la caça dexar ninguno otro fecho mayor que le aproueche o le enpesca a la fazienda o a la onra o a la pro. Mas quando al non ha de fazer de los tienpos que se passan baldios, non a ninguno tan bien puesto para los caualleros commo lo que ponen en monte o en caça. Et por que yo vse la caça siempre en esta manera, sope ende mucho. Et digo uos que tengo que en el mi tienpo non sopo ende mas ninguno otro omne de los que yo conosçi. Et por ende vos respondo que las aves son de muchas maneras. Vnas ay que caçan et otras ay que son caçadas; otras ay que se crian et se mantienen siempre en el agua, et otras ay que se mantienen siempre en el seco; otras ay que se mantienen a las vezes en el agua et a las vezes en el seco; otras ay que andan sienpre en el agua nadando, et otras ay que quando estan en el agua non entran mas de quanto les alcançan los pies en guisa que non nadan, et otras ay que se crian sienpre en casa, et otras ay que se crian en los yermos et semejan a las de casa; et aues ay que se crian en las tierras muy frias que son contra el çierço, et en el yuierno vienen a las tierras que son contra el medio dia; et algunas ay que, quando estas se tornan para sus tierras, vienen de las tierras calientes contra las frias. Otras ay que son en parte aues et en parte bestias, pero semejan mas aues que vestias.
Las que caçan et non son caçadas son todas las naturas de las aguilas, et las que yo se son estas: las aguilas mayores que llaman cuello aluas, que son todas negras et an los onbros de las alas blancos, et ençima de la cola, blanco. Estas, quando son brauas, pueden matar todas las presiones; mas

lo demas non caçan si non liebres et conejos et perdizes, pero quando esto non fallan et an fanbre, matan gruas et abitardas et ansares brauas, et avn toman cabritos et corços pequennos et matan los açores et los falcones; et estas toman toda la caça del mundo et ninguna aue del mundo non temen ellas. Et oy dezir que ya algunas aguilas mataron bueytres et auantos. Et quando las amansan, toman todas estas caças, mas non muy ligera mente nin mucho apuesto. Ay otras aguilas que llaman ruuias, et estas son mas ligeras et mas dannosas para los caçadores, mas non matan tan grandes prisiones nin son de tan grant fuerça. Ay otras aguilas que son commo blancas et llaman las athahormas; et estas non matan ninguna grant prision nin fazen mal a los falcones nin açores, mas fazen mal a los gabilanes et a los esmereiones et a los alcotanes, si los fallan con prisiones, mas non en otra manera. Otras aguilas ay que llaman pescadoras, et estas non caçan aves, mas caçan pescados en los rios grandes; et dizen que an vn pie de aguila et otro çerrado commo ansar, et andan volando sobre los rios o estan posadas en arboles o en las riberas altas, et quando biene el grant pez, dexanse caer en el rio et van nadando so el agua et tomanlo et comen lo fuera en el seco. Et otras aues ay que son de natura de aguilas et de athahormas, mas por que non caçan si non caças biles, non vos las dire fasta que vos aya dicho las otras aves que caçan buenas caças et nobles.

En pos las aguilas, ay otras aues caçadoras que caçan seyendo brauas, et caçan mejor seyendo mansas, que quando son brauas non caçan si non sola mente para se gobernar. Et por ende caçan aquello que mas ligeramente pueden matar, mas quando son en poder de los omnes, et affeytandolas bien, fazen les matar caças muy estrannas et muy marabillosa mente. Et los que esto fazen mejor son los falcones, por que son mas ligeros et mas ardides. Et de los falcones ay siete naturas: los primeros, mayores et mejores, son los girifaltes; et en pos ellos, los neblis; et en pos ellos, los sacres; et en pos ellos, los baharis; et en pos ellos, los bornis; et en pos ellos, los esmerejones; et en pos ellos, los alcotanes. Et todas estas naturas de falcones, los buenos falconeros conoscenlos por talle et por façiones et por plumage et por enpennolamiento, et quales son los mejores. Et en post ellos, los açores; que son mas fermosas aves et mayores, et caçan todas las prisiones de los falcones. Mas por que ellos non caçan tan sabrosa mente nin tan marabillosa mente, non les precian tanto los grandes sennores. Otrosi los gabilanes son de natura de los açores, sabrosos et mucho apuestos, et casan prisiones mas pequennas que los açores. Todas aquestas que vos he dicho caçan et non son caçadas, commo quier que las aguilas matan algunas vezes todas estas aves, segund vos he dicho.

Ay otras aues que son caçadas et non caçan, asi commo gruas et garças pardas et çisnes et flamenques et abutardas et garças rubias et blancas et martinetes et garçetas et dorales et cigunnuelas; et todas estas otras aues menudas que andan en el agua, de las piernas luengas, et non andan en el agua nadando; et todas las maneras de las anades, que son muchas; et las perdizes et las codornizes, et todas las naturas de las palomas, et las tortolas et los alcarauanes et los marçicos et los sisones et las cornechas et las cuervas et las cortezas et las grajas de los picos vermejos et las graiuelas pardiellas et los gayos et las pigaças et los tordos prietos et los zorzales, et los picos verdes et los caudones et las copadas et las aloas et las calandres et los pardales et todas las otras maneras de los paxaros menudos; todas estas son caçadas, et non caçan.

Otras ay que non caçan nin son caçadas, asi commo los bueytres et los abantos, que non matan ningund aue biua; et por que ellas son muy grandes et muy fuertes et muy espantosas, las otras aves non caçan a ellas. Otras ay que caçan et son caçadas, asi commo los budalones et los alforres et los aguilochos et todas las aves de su natura, et lechuzas et mochuelos et carabos et cucluellos; et todas estas caçan biles caças, et en vil manera; et los açores et los falcones caçan a ellas. Los buchos caçan bil mente; mas por que son muy grandes et muy balientes non los caçan ninguna ave. Los cuervos carniceros et los milanos et los quebranta huesos blancos, pero que han las vnnas tornadas et semejan aves caçadores, mas non casan; et los açores et los falcones caçan a ellas.

Ay otras, que se mantienen sienpre en el agua nadando, asi commo todas las maneras de las anades; pero dellas ay que en ningund tienpo nunca sallen del agua; algunas dellas salen a comer fuera, pero las mas sienpre estan en el agua. Ay otras que se mantienen siempre en el seco, asi commo las abutardas et los cuerbos caluos et los alcarauanes et los merlos et los marçiecos et las gangas et las cortezas et los sisones et las perdizes et las

codornizes, et todas las maneras de las palomas et las tortolas et de los paxaros menudos que desuso son dichas. Todas estas aves biuen en los yermos et en la tierra seca, et non se aprouechan del agua si non quando an mester veuer o se vannan. Otras ay que se mantienen a las vezes en el agua et a las vezes en el seco, asi commo las garças pardas et blancas et rubias et abderramias et cueruos et merynas et garcetas et martinetes et bueytres et dorales, et todas sus semejantes, et çigunnuelas et chorlitos et todas las aves menudas del agua que son de natura destos. Et las gruas yazen de noche en el agua et del dia gobiernan se en las senbradas et en los restojos et en las vinnas et en los canpos, pero siempre tienen la siesta en el agua. Otras ay que andan sienpre en el agua nadando, asy commo los ciznes et todas las maneras de las anades gruenos et de las negretas et de los sumurgujones. Ay otras que estan sienpre en el agua pero quanto les alcançan los pies, en guisa que non nadan, asi commo los flamenques, pero nunca estan si non en el agua de la mar o en lagunas grandes saladas.
Otras ay que se crian sienpre en casa, asi commo pauones et ansares et gallinas et palomas duendas. Otras ay que se crian en los yermos et semeian a las que se crian en casa, asi commo faysanes, que semejan a los pauones de casa, et anades et gallinas et gallos monteses et palomas torcazas; et otras que semejan a las de casa.
Ay aues que crian en las tierras frias que son contra el çierço, et el yuierno vienen a las tierras calientes que son contra el medio dia, asi commo, de las aves que caçan, los falcones sacres et los neblis et los esmerejones. Mas los girifaltes nin los açores nin los baharis nin los bornis, estos non se parten de las tierras do biuen et do crian. Et de las que son caçadas et caçan, los budalones et los alforres et todas las aues de la su natura. Et de las que son casadas et non casan, asi commo las gruas et las garças et las ansares brauas et todas las maneras de las anades que son de passo, que llaman mariscas. Et algunas aues ay que quando se comiença a tornar en el mes de febrero, comiençan ellas a venir de las tierras calientes et bienen contra las que son frias et crian en las tierras de contra el çierço, asi commo, de las que caçan, los alcotanes, et las aletas et los milanos prietos et los çernicoles de las vnnas blancas. Pero estos milanos et gernicolos, commo quier que semejan aves caçadoras, estas son para ser caçadas que non

para caçar; et de las que son casadas, las çigüennas et las codorniçes et las tortolas et las golordrinas et los auiones et los onçejos. Et las aues que son en parte aues et en parte vestias, pero semeian mas a las aues, son los escruçies et los murciegos.

Et la razon por que nuestro sennor Dios las fizo, tengo que es por que sea loado por que fizo tan buenas cosas et tan aprouechosas et tan estrannas; et por que mostro en ellas tan grant saber et tan grant piadat; et para que sea el mundo mas onrado et mas conplido por ellas; et por que los omnes, a que el por su merçed dio poder sobre todas las cosas del mundo, que se aprouechen et se siruan dellas.

Capítulo XLII. Commo el cauallero ançiano responde al cauallero nouel que cosa son los pescados

—A lo que me preguntastes que cosa son los pescados et para que fueron fechos, fijo, a esta pregunta con razon non vos deuo responder tan çierta mente como a la pregunta de las aues, por que non he tanto vsado el pescar commo el caçar. Et por que de las cosas que omne non sabe non deue fablar en ellas commo de las que sabe, si non vos diere la repuesta tan conplida, non vos marabilledes; et tengo que es cordura en conoscer omne la mengua que en si ha. Et por ende sabet que la cordura ha quatro grados: vnos ay que son muy cuerdos, otros cuerdos, otros menguados de cordura, otros muy menguados de cordura. Los que son muy cuerdos entienden la cosa por algunas sennales o por algunas presunpçiones ante que los otros la pudiessen entender; et guardanse si les es mester et obran por lo que entienden en la manera que les cunple et castiganse por lo que conteçio a otros; et los que son cuerdos entienden las cosas quando acaeçen et obran en ellas commo deuen; mas los que non son cuerdos non entienden la cosa depues que es acaesçida nin obran en ella commo deuen. Los otros muy menguados de cordura, avn que ellos mismos ayan seido engannados en la cosa que an passado, por ello non la entienden nin se guardan quando les acaesçe otra tal commo aquella cosa en que an seido engannados et an reçebido danno; et estos tales son muy menguados de cordura. Et por que tengo que yo so mas cercano destos que de los muy cuerdos, non vos deuedes marabillar sy a

57

esto non vos repondiere tan conplida mente commo aviades mester; pero lo que entendiere, dezir vos lo he.

—Digo uos que, segunt yo cuido, los pescados son de muchas maneras. Vnos ay que naçen et se mantienen en el mar, asi commo las vallenas et los pulpes et los congrios, et todos los otros pescados que nunca salen a las aguas dulces. Otros ay que se crian en las aguas dulces, asi commo las truchas et los otros pescados que naçen en ellas et non van a la mar. Otros ay que naçen et se crian en estancos et en lagunas et en aguas que estan quedas, asi commo los luzes et las tencas. Otros ay que non se crian si non en los rios que entran en la mar, asy commo los salmones et las lampreas et los sabales. Et otros ay que se crian a las vegadas en la mar et a las vegadas en las aguas dulces, asi commo aluures et liças et anguillas. Et destos ay algunos que an spinas et otros que an conchas et otros que han cueros muy duros. Et por vos non alongar mucho el libro et por que non fazen grant mengua, non vos los quiero y poner todos nonbrada mente. Mas sabet que los mejores et los mas sanos son los que mas biuen en la mar do non ay çieno, et por su naturaleza son pequennos de cuerpo et que tienen scama et que an mucha sangre. Et de los que biuen en los rios, los mas sanos son los que an las mas destas sennales.

Et la razon por que tengo que Dios los crio, fue por dar Dios conplimiento et onra a las aguas en que se crian, et por que los omnes se mantengan et se siruan dellos.

Capítulo XLIII. Commo el cauallero anciano responde al cauallero nouel que cosa son las yerbas

—A lo que me preguntastes que cosa son las yerbas et para que fueron fechas, fijo, esta pregunta mas cunple para ciruigiano que non para cauallero. Ca muchas otras vegadas vos lo he dicho:

que tanto a de fazer el cauallero para conosçer su estado et obrar en el commo deue, que asaz le faze Dios merçed conplida si en esto açierta commo deue. Et si se quiere entremeter en otras muchas sçiencias, sera marauilla si las pudiere saber, et por auentura que dexara algo de lo quel cunpliria fazer que perteneçia a la caualleria; et cuydando que sabe mucho, sabra poco. Et çierto cret que todos los que verdadera mente son sabidores entienden sin dubda que saben poco, et todos los que cuydan que saben mucho, seed çierto que saben poco. Et por ende si yo pudiesse, querria ante poner el mi saber en lo que cunple al mi estado que non en al. Et por que, segund ya vos dixe, non cunple al mi estado saber mucho de las yeruas, non vos marabilledes si conplida mente non uos pudiere responder a ellas; pero lo que ende sopiere, dezir vos lo he.

Sabet que tengo que las yerbas son cosas que naçen en tierra, et son entre los arboles et las simientes que los omnes sienbran. Et tengo que an cada vna dellas propriedades muy sennaladas et muy aprouechosas, et el omne que todas las pudiesse conosçer verdadera mente, que podria obrar con ellas cosas muy aprouechosas et muy sennaladas et marabillosas.

Et la razon para que fueron fechas tengo que es para que el mundo sea mas conplido por ellas et por que los omnes se aprouechen et se siruan dellas en aquellas cosas que les mas cunplieren.

Capítulo XLIV. Commo el cauallero ançiano responde al cauallero nouel que cosa son los arboles

—A lo que me preguntastes que cosa son los arboles et para que fueron fechos, a esto vos digo que esta pregunta non es rahes de responder conplida mente a ella, por que los arboles son de muchas maneras, et las cosas muy estrannas non las puede omne saber si otro non gelas muestra o non acaeçe al omne algund mester por que las aya de saber. Et bien creed que el mester es la cosa del mundo que mas maestro faze al omne; ca al omne perezoso, el mester le fara acuçioso; et avn, el que non sopiere mucho de guerra, el mester le fara ende sabidor; et avn, el mester le fara que faga vna cordura que estrannan mucho los omnes a uegadas: que muchos omnes dizen a otros que non fagan tal cosa, ca los omnes querrian guardarlos dello, et non les razonan a que es. Et sin dubda, si la cosa es tal en si que sea mala, avn que non digan mal della, non la deue omne fazer, mayor mente si sabe que diran las gentes ende mucho mal. Mas de las que son aprouechosas al omne, si malas non son non deue omne dexar de las fazer por reçelo que las gentes diran mal dello. Ca çierto es que non puede el omne fazer cosa del mundo que a todos plega; et si faze bien, pesa a los malos et razonan le mal, et plaze a los buenos et razonan le bien; et si faze mal, pesa a los buenos et razonan le mal, et plaze a los malos et razonan le bien. Et asi, pues omne non puede fazer todas las cosas en guisa que plega a todos, deue catar lo que cunple a el, sol que non sea mal; et non dexe de lo fazer por el dicho de las gentes. Et esto faze al omne fazer el mester mas que cosa del mundo; et este mester me faze a mi que conosca algo de los arboles. Ca andando a caça por las montannas et otrosi en las guerras oue a conoscer algo dellos, et lo que yo ende se es esto:

Sabet que todos los arboles del mundo natural mente naçen en las xieras et en los montes, tan bien los que lieuan fructo commo los otros; mas quando los que lieuan fructo ponen en los poblados et los riegan et los labran, fazense los frutos mejores. Et de los arboles ay vnos que el su fructo se come todo, asi commo las figueras et los perales et los maçanos et los menbriellos et los morales et los sidrales. Ay otros que se come lo de dentro et non lo de fuera, asi commo los alfostigos et los almendros et los nogales et los avellanos et los castannos et los robres et las enzinas et los alcornoques et los coscojos. Et en estos coscojos ay en algunas tierras en que nace grana, que es cosa muy aprouechosa. Otrosi la fructa de los naranjos et de los limones es muy buena, pero vsan mas de lo comer por el çumo que non por la fructa. Ay otros arboles que la su fruta se come lo de fuera et non lo de dentro, asi commo los duraznales et los priscos et los aluarcoques et las palmas. Et commo quier que los cipreses non lieuan fructo que sea de comer, son muy buenos arboles et muy apuestos, et los arayhanes et los lidoneros et los açofeyfos et los niesperos et los espinos. Ay otros arboles que nacen en los montes et non se crian en casa, asi commo pinnones et madronnos et texos et sauinas et enebros et estepas et vereços et azevos. Ay otros arboles que se crian çerca del agua et non lieuan fructo, asi commo los olmos et alamos et salzes et freynos et alisas et bimbres. Ay otros arboles que son pequennos et que son espinosos, et commo quier que non lieuan fructo de comer, lieuan flores muy fermosas et aprouechosas, asi commo los rosales bermejos et blancos, et las otras violetas et los azemines et las sarças et los canbrones et los romeros et los tomiellos.

Et la razon que yo tengo por que nuestro sennor Dios tovo por bien que fuessen todos estos arboles es para conplir et apostar la tierra en que se crian et por que se aprouechen dellos los omnes para las cosas que los ovieren mester, tan bien de los arboles commo de los fructos.

Capítulo XLV. Commo el cauallero anciano responde al cauallero nouel que cosa son las piedras

—A lo que me preguntastes que cosa son las piedras et para que fueron fechas, fijo, esta pregunta es asaz graue, por que las piedras son de muchas maneras, et ay grant apartamiento entre las vnas et las otras, et ay otras que se semejan mucho. Ca las vnas son piedras preçiosas et las otras son otras piedras para fazer otras cosas mucho aprouechosas; et las piedras preçiosas son aprouechosas por que las sus obras aprouechan a los omnes por la virtud que ha en ellas, et las otras piedras aprouechan a omne por las cosas aprouechosas que los omnes fazen connellas. Et estas dos maneras de las obras que se fazen por las piedras semejan a dos maneras commo los omnes husan beuir en el mundo. Ca los vnos se trabajan a beuir asmando en los fechos et en las cosas del mundo segund razon et segund naturaleza de las cosas; otros se trabajan de beuir queriendo saber las cosas ante que acaescan. Et digo vos, fijo, que segund el mi entendimiento, la vna manera destas tengo que es muy buena, et la otra por muy mala; ca los que obran et biuen segund razon et naturaleza fazen seruiçio a Dios et pro a si mismos et aprouechan al mundo, et las gentes aprouechan se dellos. Et los que quieren saber las cosas ante que acaezcan et que quieren vsar de sus faziendas segund la sperança que en ello ponen, fazen todo el contrario, ca yerran et son contra Dios et fazen danno a si mismos et despueblan el mundo et enpeçen a todas las gentes. Et por que beades que es asi, quiero vos lo mostrar muy declarada mente.

Fijo, los que viuen con razon et segund naturaleza siruen a Dios, ca la razon, et la naturaleza, nunca da a omne que faga cosa que sea deseruiçio de Dios, ante le fara quel sirua. Ca la razon le da entender que por quantas merçedes le Dios fizo et por el poder que ha de acalonnar el mal que fiziere, deue guardar su seruiçio et non fazer el contrario. Et otrosi la naturaleza, commo quier que non sea aparejada para pecar, por que la naturaleza es criatura de Dios et de que es criada sienpre de al omne quel guarde et quel sirua. Et otrosi los que vsan beuir con razon et segund naturaleza

61

aprouechan a si mismos. Ca tan bien en el comer et en el veuer commo en todas las cosas que son para esforçar o enflanqueçer el cuerpo vsan dellas commo deuen, por ende, segund razon, deuen beuir mas et mas sanos. Otrosi aprouechan a sus faziendas: por que quando es mester de dar o de espender, fazen lo; et quando es mester guardar et catar commo ganen, fazen lo; et quando an de auer contienda con alguno non lo pudiendo escusar, fazen lo; et quando les cunple de auer paz, saben catar manera commo la ayan guardando su onra; et otrosi aprouechan al mundo labrando et criando: ca ellos crian los moços fijos et fijas de los omnes, de que biene a ellos pro et onra, et es poblamiento del mundo. Otrosi crian cauallos et aues et ganados et canes que cunple mucho para la bida de los omnes. Otrosi fazen muchas labores, asi commo eglesias, monesterios, castiellos, villas et fortalezas et casas fuertes et llanas et vinnas et huertas et molinos et otras labores muchas que son grant seruiçio de Dios et grant prouecho dellos mismos et poblamiento del mundo. Mas todas estas crianças et labores, quanto al aprouechamiento del alma, pueden ser aprouechamiento et pueden ser dannosas, et todo es segund la entençion a que el omne lo faze; ca tan bien del criar de los fijos de los omnes buenos commo de las labores dichas, si las omne faze a entenrion que Dios sea ende seruido et non bença a ninguno mal dellas, esta es buena entençion et buena gloria. Mas si omne faze a entençion de fazer tuerto o por que venga a otro mal sin razon de lo que el faze, o por que sea mas loado de lo que deue de las gentes, esta es mala entençion et es vana gloria; et esto non deue omne fazer en ninguna manera; mas deue lo fazer en la manera que desuso es dicha, que es buena entencion et buena gloria. Et, fijo, por estas maneras que vos he dicho, me semeja que es muy bueno los que vsan beuir con razon et segund naturaleza; mas los que vsan beuir queriendo saber las cosas que son de benir et ponen en ello su sperança et se guian por ello, asi commo los agoreros et los sortreros o adeuinos o que vsan non por la arte de la estrelleria, mas por los juyzios que non se pueden saber verdadera mente, o los alquimistas o los monederos falsos et todos los falsarios o engannadores, todos estos que por esto vsan, et todos los que ponen en ello su sperança, fazen el contrario de lo que desuso es dicho, et non semejan a las piedras preçiosas nin a las otras. Ca las piedras preçiosas obran por vir-

tudes çiertas que ha en ellas; et con las otras piedras obran los omnes cosas aprouechosas, segund es dicho. Mas estos tales que vos he dicho non obran cosas de uirtudes çiertas nin cosas aprouechosas, ante las sus obras son desseruiçio de Dios et danno de sus almas et de sus cuerpos et desfazimiento et menguamiento del mundo et danno et estragamiento de las gentes. Ca, fijo, bien entendedes vos que el que quiere saber lo que es de benir por agüero o por algunas de las maneras dichas faze muy grant tuerto a Dios. Ca el poder que el tobo siempre en si et nunca lo quiso dar a ninguna criatura, nin avn a sancta Maria, su madre, nin a ninguno de los sanctos, grand tuerto le faze el que lo quiere poner en ninguna criatura. Et mayor mente que las mas de las vezes nunca destas cosas pueden ellos catar si non con alguna manera o con algunas palabras que son commo manera de sacrifiçio que fazen al diablo. Et commo quier que algunos agoreros digan que quando quieren catar agüeros fazen dezir missas o oraciones, esta manera non es buena, ca la oracion non la deue ninguno fazer por que venga mal della. Et asi faze mala oracion el que la faze para catar agüeros, ca la entençion es mala et contra Dios. Otrosi es mala manera de beuir et dannosa para el mismo et para su alma. Ca en quanto faze pesar a Dios, faze danno a su alma; et en quanto pone sperança en lo que es por benir, dexa de obrar en las cosas asi commo le cunple, et faze danno de su cuerpo et de su fazienda. Otrosi faze despoblamiento del mundo, ca esperando en lo quel a de venir non quiere vsar de las cosas del mundo commo deue. Otrosi faze danno a todas las gentes, ca por estas malas cosas dichas toman todas las gentes grandes dannos et grandes engannos en sus faziendas. Et asi los que en esta manera obran non semejan a las vnas piedras nin a las otras, et siempre oymos dezir et biemos que estos atales nunca ovieron buen acabamiento nin buena fin. Et avn yo tengo que vos non podria responder conplida mente que cosa son las piedras et para que fueron fechas, pero lo que yo ende cuydo, dezir vos lo he.
Tengo que las piedras son de tres maneras: las vnas, preçiosas; las otras, de que fazen los omnes labores et hedifiçios; las otras, que non son del todo preciosas nin del todo para fazer hedifiçios. Las preçiosas son asi commo carbunculos et rubis et diamantes et esmeraldas et balaxes et prasmas et çaphires et çardenas et girgonzas et estopazas et aliofares et tor-

quesas et calçadonias et cristales et otras piedras que fallan en las animalias, asi commo electorias, que fallan en las moliellas et en los pies de llos gallos et de los capones muy biejos, o commo las piedras sapias que fallan en las cabeças de los sapos. Las que son para fazer hedifiçios son asi commo las piedras pedernales o las guijas o las piedras para fazer cal o yesso o sus semejantes. Las que son entre las piedras preçiosas et las otras para fazer hedifiçios, son commo las jaspes et los marmoles et sus semejantes: ca son preçiosas, et otrosi pueden fazer et fazen dellas algunos hedifiçios.

Capítulo XLVI. Commo el cauallero ançiano responde al cauallero nouel que cosa son los metales

—A lo que me preguntastes que cosa son los metales et para que fueron fechos, fijo, commo quier que los caualleros non se pueden mantener sin metales et an por fuerça de vsar con todos o con los mas dellos, pero en conosçer que cosa son los metales, non pertenesçe a estado de caualleria. Ca los caualleros, por mucho que biuan, asaz an de fazer en toda su vida en seruir sus sennores et ayudar sus amigos et defender a si mismos et a lo suyo, et en fazer mal et danno et vengar se de aquellos de que obieren reçebido tuerto. Et bien cred, fijo, que tan bien los grandes sennores commo los otros quales quier que biuan en estado de cauallero, que bien asy commo en ninguna manera non deuen fazer tuerto nin soberuia a ninguno, bien asi, quando les alguno fiziere tuerto, non gelo deuen sofrir, ante se deuen ende vengar lo mas ayna que pudieren. Ca si non lo fiziessen, venir les ya ende dos dannos muy grandes: el vno, sofrir el mal que obiessen reçebido; et el otro, dar exenplo a otros muchos quel fiziessen esso mismo. Ca bien cred que de tal manera son los omnes todos, que mas deuen de fazer enojo et mal al que saben que si gelo fizieren que se vengara ende, que non al que saben que tan mesurado et tan sofrido es que dara passada a quales quier que gelo fagan. Ca si quiera dizen los caualleros vn prouerbio que «El que quiere beuir en paz, que se apareje para la guerra». Et el que quiere que los otros se atreuan a le fazer guerra, que guise sus fechos commo descuydado que cuyda sienpre beuir en paz. Et, fijo, bien cred que en todos los estados de los omnes non ay ninguno, segund razon, en que los omnes sean mas aparejados para non beuir mucho commo en estado de caualleria; et esto por razon de los grandes trabajos et de los grandes peligros que ha en el, mas que en ninguno otro estado, si Dios por la su merçed non le quiere alongar la vida. Et sabet que Dios aluenga la vida en este mundo a los omnes por tres razones, o por alguna dellas: la vna es si el omne faze tales obras que sea en todo loado Dios et su seruiçio; atal commo este aluengal Dios la uida por esto, por que quanto mas bive mas loa et sirve a Dios. La otra es si faze cosas muy aprouechosas al poblamiento et mantenimiento del mundo. Ca çierto es que Dios quiere el poblamiento et el mantenimiento del mundo; et el que lo faze commo deue sirue en ello a Dios et cunple su uoluntad, et por ende aluengal Dios la vida por que lo puede fazer. La otra es si el omne es de tan buen corregimiento en si mismo que faze su vida ordenada mente et con razon et guarda bien su conplision et su salud, por que faze su vida ordenada mente et con razon et natural mente, aluengal Dios la vida por dar conplimiento a la naturaleza del omne, et non la quiere deslfazer sin razon. Et si por aventura el omne que ha en si estas tres cosas Dios le lieua ayna del mundo, deuemos crer que lo lieua por que non le quiere dexar en este mundo, que es lleno de engannos et de pecados, por que podria perder el alma si en el mas fincasse, et por le dar galardon ayna por los bienes et por los merecimientos que en este mundo oviere fechos. Et el que por tal manera lieua Dios deste mundo es de buena bentura. Mas las otras muertes son de otras maneras; et segund el mi entendimiento, todas las muertes que los omnes mueren son en tres maneras: la vna es muerte natural, quando el omne biue tanto fasta que se acaba toda la humidat et la calentura natural. Entonçe, por que el spiritu uidal non ha en que se mantener, ha por fuerça a falleçer. La otra es muerte de galardon, quando el omne toma martirio por la fe, la qual Dios quiera que ayan aquellos que la desean, o quando Dios le quiere dar galardon de los seruiçios quel ha fecho. La otra es muerte de justiçia, quando el omne por su mala ventura faze tales obras por que mereçe iustiçia en el cuerpo et en el alma, por que o por aventura las sus maldades non son sabidas, o por que es tal omne que los que an a fazer la iustiçia en la tierra non pueden o non la quieren conplir, entonçe en el cunple la Dios, que ha poder de la fazer, et aqui non se esconde ninguna cosa. Et si por aventura la su iustiçia se aluenga algun tiempo contra los tales omnes es por pecado del pueblo: que el mal que ellos fazen que lo fazen a tales que merecen que consienta Dios que les venga mal de aquellos malos, et por que Dios quiere consentir que fagan tanto mal por que aya el de mostrar en ellos su iustiçia conplida, o por alguna cosa escondida que sabe Dios, et non la entienden las gentes. Ca çierto es que los que son malos et fazen malas obras et non se arrepienten nin se quieren partir dellas, que si alguna buena andança an, que non les puede durar mucho nin aver buena fin. Et asi todo omne se debria guardar de fazer malas obras por que Dios non gelo acalonnase en este mundo nin en el otro. Et mayor mente los caualleros, que an tanto mester la gracia de Dios para les guardar las almas et para los mantener en este mundo en onra et sin vergüença, et para les guardar de los peligros en que todo el dia andan, mas que ningunos omnes de otros estados, de que sabe Dios que passe yo muchos en quanto al mundo dure et visque en estado de caualleria. Por ende non oue tienpo nin logar de aprender mucho de otras sabidurias nin de otras sçiençias; et por esta razon, si non uos pudiere responder conplida mente que cosa son los metales, non lo deuedes tener por marabilla. Mas lo que yo ende entendiere, dezir uos lo he.

Digo vos que yo tengo que los metales son cosas que se engendran en la tierra, segun la conplision que ha la tierra do se engendran. Et los que yo ende se son estos: primera mente el oro, que es el mas noble de todos los metales, et la plata et el argen biuo et el laton et el cobre et el fierro et el plomo et el estanno. Et oy dezir que cada vno destos metales era conparado a vna de las siete planetas, et avn, que se engendraua en la tierra por el poder et por la virtud que Dios puso en aquella planeta.

Et la razon para que tengo que Dios quiso que fuessen los metales fechos, es para conplimiento del mundo et para que los omnes se siruan dellos.

Capítulo XLVII. Commo el cauallero anciano responde al cauallero nouel que cosa es la mar

—A lo que me preguntastes que cosa es la mar et para que fue fecha, fijo, commo quier que los caualleros a las vegadas vsan de fazer cauallerias sobre mar, pero saber que cosa es la mar perteneçe mas a la sçiençia et a la arte de las naturas que a la arte de la caualleria. Por ende non uos deuedes marabillar si conplida mente non vos pudiere responder a ello. Pero dezir vos he vna cosa que acostunbran todos a dezir de la mar. Fijo, todos los omnes dizen que la mar sienpre esta en vna de dos maneras: o esta en calma, o esta braua et sannuda. Et esta calma et esta braueza sienpre acaesçe en la mar segund el viento que en ella faze. Ca si el viento es muy grande et muy fuerte, es la brueza de la mar muy grande et muy fuerte, et quanto el viento es menor, es la su fuerça mas pequenna, et en quanto ningun viento non faze, non es la mar sannuda, ante esta en calma et mas asegurada. Et, fijo, tienen los sabidores que en esta misma guisa conteçe a los grandes sennores: que asi commo la mar es grande et caben en ella muchos nabios et muchas cosas de que los omnes se pueden aprouechar, et ella de su naturaleza, si el viento non la muebe, sienpre esta queda et mansa, commo dando a entender quel plaze que las gentes anden por ella et se aprouechen et se mantengan con las cosas aprouechosas que en ella son; mas quando el viento fiere en ella, faze la ensannar, et muchas vezes tan grande es la fortaleza de la su sanna, que faze perder quales quier nabios que en ella sean. Fijo, bien asi es et deuen ser los grandes sennores, ca ellos de su naturaleza sienpre deuen ser mansos et de buen talante, et deuen querer que todas las gentes, de qual manera que sean, quepan en la su merçed et viuan et se mantengan et se aprouechen en lo que ellos an. Mas quando les fazen cosas desaguisadas, por fuerça se an de ensannar et de enbrauesçer; et segunt las cosas desaguisadas que les fazen, asi creçe la sanna et la braveza. Et tantas pueden ser las cosas desaguisadas que contra ellos sean fechas, que en tal guisa sera toda la sanna et la braueza, que muchas de uezes reçiben ende danno los culpados et los que son sin culpa. Et por que vi yo que muchas vegadas acaeçio esto, et passe por ello, vos puedo fablar en esto mas verdadera mente que en la pregunta que me fiziestes que cosa es la mar. Pero lo que yo ende cuydo, dezir uos lo he.

Digo vos que yo tengo que la mar es cosa que crio Dios et que es ayuntamiento de todas las aguas et todas las aguas salen della et tornan a ella. Et commo quier que el agua de la mar es salada et amarga, et las otras aguas que salen della son de muchas maneras et an muchos sabores, esto non es por que estos sabores ayan de la mar, mas es por el sabor que toman de los logares por do passan por los cannos de la tierra. Et la razon que yo tengo por que nuestro Sennor Dios la fizo es por mostrar en ella su grant poder, et por que los omnes se siruan et se aprouechen de los pescados et de las cosas aprouechosas que en ella son.

Capítulo XLVIII. Commo el cauallero ançiano responde al cauallero novel que cosa es la tierra

—A lo que me preguntastes que cosa es la tierra et para que fue fecha, fijo, a esta pregunta, omne del mundo non podria responder conplida mente: que tal cosa es la tierra, et tantas cosas a en ella, que ninguno non las podria nin contar todas. Ca Dios fizo en ella tales cosas et tan estrannas que avn muchas de llas que omne uee et pareseen, son muy graues de entender. Esto semeja mucho a los juizios de Dios; ca commo quier que todos veemos las cosas commo acaeçen et sabemos çierta mente que todo se faze por la voluntad et por el consentimiento de nuestro sennor Dios, con todo esso non lo podemos entender. Et esto non es por que los juyzios de Dios non sean muy derechos et muy con razon, mas es por que los nuestros entendimientos son enbueltos en pecados et en esta carne, que es muy menguada de saber a comparaçion de los juyzios de Dios. Et, fijo, avn que los juicios o las cosas que se fazen por voluntad de Dios pareçen muy estrannas, sabet que todo se faze derecha mente, por que a Dios non se puede encubrir cosa ninguna nin al su juizio non lo puede enbargar auogado ninguno, por muy letrado que sea. Et por ende el nunca judga si non segund sabe que es la verdad. Et, fijo, commo quier que entre Dios et los omnes ay muy pequenna conparacion, pero por que Dios puso en el mundo los reyes et los sennores para mantener las gentes en justiçia et en derecho et en paz, et los acomendo la tierra para fazer esto, por ende, los reyes et los sennores, que non an otro iuez sobre si si non Dios, deuen catar que los pleitos que ante ellos vinieren que los judguen segund lo que fuere verdad. Et entrel juyzio de los sennores et de los ofiçiales que ellos ponen et an de judgar los pleitos por fueros et por leys, ay esta diferençia: los juezes que son puestos por otro non deuen iudgar los pleitos que ante ellos vienen segund ueen nin segund lo que ellos saben, si non segund lo que es razonado entre ellos o lo que fallaren en aquellas leys o en aquellos fueros por que an de judgar. Esto es por que son sometidos aquellas leys o aquellos fueros por que an de judgar et de dar cuenta. Mas los reys et los grandes sennores, por que no son sometidos nin an de dar cuenta si non a Dios, non deuen judgar si non por la verdad que sopieren çierta mente, et non deuen creer que lo que ellos cuydan que aquello es la verdat nin se deuen arrebatar fasta que lo sepan çierta mente. Mas de que la sopieren, deuen lo judgar segund verdat et sin ninguna mala entençion, et deuen se acordar que Dios los puso en aquel estado et que a el an a dar cuenta et que del an a reçebir galardon bueno o malo segund los juyzios que dieren. Et deuen ser çiertos quel mucho bien que fagan que nunca les sera olbidado; et si algun juyzio malo dieren o de qual quier fecho malo que fagan, que non deuen dubdar que non ayan de auer pena en este mundo o en el otro o en ambos. Otrosi deuen catar mucho los reys et los grandes sennores que fagan las cosas commo deuen. Ca todos los sus fechos son en dos maneras: o son tales que non pueden nin los deuen acomendar a otri, si non fazer los et librar los ellos mismos, o son tales que non pertenesçe de los librar ellos et los deuen acomendar a otro. Et si ellos los quisieran todos librar o todos acomendar, fazen muy grant yerro. Ca en quanto libran lo que deuen acomendar a otri, pierden el tiempo de librar lo que perteneçia a ellos; et si acomiendan a otro lo que ellos deuian librar, non se libra tan conplida mente commo deuie. Fijo, commo quier que los reys et los grandes sennores an muchas cosas de fazer para guardar sus almas et sus cuerpos et sus estados et las tierras que les son acomendadas, çierto sed que los que estas dos cosas guardan que guardaran todo lo que les cunple para Dios et para el mundo: la vna, que iudguen las cosas que ante ellos vinieren con verdat et con derecho commo desuso es dicho; la otra es que las cosas que el a de librar que las non acomiende a otri; et las que otri ouiere de librar, que se non enbargue dellas. Et faziendolo asi, sera la tierra mantenida por los sennores commo deue. Et esto se yo çierta mente que es verdat, mas en dezir uos yo verdadera mente que cosa es la tierra et todo lo que a ennella, esto non podria yo fazer i nin creo que otro ninguno; mas lo que yo entiendo en ello dezir uos lo he.

Digo vos que yo tengo que la tierra es cosa que crio nuestro sennor Dios et que es madre de todas las cosas que en ella se crian; et todas las cosas que en ella naçen que todas se tornan a ella por los grandes departimientos de sierras et de valles que en ella ha. Et por que el sol et las planetas et el ayre non fieren en todos los lugares de la tierra en vna manera, por ende las tierras et las cosas que en ellas se crian non son todas de vna manera, ante son tan departidas, que las cosas que en las vnas tierras se fazen, ay muchas otras tierras en que las non conosçen nin se podrian criar nin fazer en ellas.

Otrosi tengo que la razon por que nuestro sennor Dios fizo la tierra es por mantener el mundo. Ca commo quier que muchas cosas ay que cunplen et apuestan el mundo, algunas dellas ay que avn que ellas menguassen, non dexaria el mundo de ser; mas la tierra es vna de las cosas que si ella non fuesse, non podria ser el mundo. Et otrosi por que se criassen en ella todas las cosas de que el sea seruido et loado, et los omnes, para cuyo seruiçio fizo Dios todas las cosas de la tierra por que se mantengan et se aprouechen dellas.

Capítulo XLIX. Commo el cauallero ançiano, depues que ovo respondido a todas las preguntas, fizo una pregunta al cauallero nouel
—Fijo, commo quier que yo tengo que a tantas preguntas et tan estrannas que me vos feziestes, que yo non vos podia responder nin vos respondi tan conplida mente commo era mester, pero gradesco mucho a Dios que en qual quier manera que fue, que vos he respondido a todo, et ruego vos que si alguna cosa ay que tengades por aprouechosa, que lo gradescades a Dios et que creades que todos los bienes vienen del et non de otra cosa ninguna. Et muchas cosas que so yo çierto que fallaredes y que non son muy aprouechosas nin de muy buen recabdo, que me non pongades culpa nin vos marabilledes ende. Otrosi vos ruego que pues que a estas preguntas que me vos feziestes uos he respondido en la manera que yo pude, que me non queredes fazer mas preguntas daqui adelante. Ca bien creed que tanto he dexado de mi oracion et de otras cosas que me avia de fazer para emendar alguna cosa a nuestro sennor Dios de muchos yerros et pecados

quel yo fiz, para cuydar en las respuestas que vos avia a dar, que si agora en otras me metiessedes, que me seria grant danno, et non lo faria en ninguna manera del mundo. Et ruego vos que pues vos yo respondi a todas las preguntas que me feziestes, que me respondades vos a mi a vna. Et la pregunta es esta: et vos tan mançebo sodes et, segund lo que yo se de la vuestra fazienda, tantos trabajos vos acaeçieron desde vuestra moçedat fasta agora, que nunca oviestes tienpo para poder cuydar en tantas cosas commo yo veo et se que vos avedes fecho, por ende vos ruego que me digades en pocas palabras en qual manera lo pudiestes fazer.

Capítulo L. Commo el cauallero nouel respondio a la pregunta quel fizo el cauallero ançiano

—Sennor —dixo el cauallero mançebo—, non se commo pudiesse gradesçer a Dios et a vos quanto bien tengo que me ha venido en estas cosas que me vos mostrastes; et quiera Dios por la su merçed que de alguna dellas me pueda yo aprouechar en guisa que sea su seruiçio, et me venga ende pro al alma et al cuerpo. Et çierto seed que yo tengo que todas estas cosas que me vos avedes mostrado son todas muy buenas et muy aprouechosas. Et a lo que me rogastes que vos non fiziesse mas preguntas, sabet que commo quier que muchas cosas que yo tenia que me cunplian que vos queria preguntar, que lo dexare por vos non fazer enojo. Et pues veo que vos tantas buenas cosas me auedes mostrado, que si yo las pudiesse aprender, que me cunplirian asaz. Et a la pregunta que me feziestes, vos digo que commo quier que yo so de poco entendimiento, que todas las cosas que oue de fazer sienpre las fiz en esta manera: quando contienda oue con alguno, sienpre espere que el tuerto que se leuantasse del; et las cosas que oue de començar, en que avia alguna grand aventura, sienpre pense si me podria parar al mayor contrario si acaeciesse, et si entendi que me podria parar a ello, comencelo, et si non, dexe de lo començar. Et en las otras obras, commo de rentas o de labores, acomendelas sienpre en tal recabdo que en faziendo se las vnas se fazian las otras, et non se enbargauan las vnas por las otras; et ante que lo començasse, sienpre cate onde lo podria acabar. Et en las cosas que oue a fazer de algunas sçiençias o de algunos libros o de algunas estorias, esto finca de lo del tienpo que avia a dormir.

Capítulo LI. Commo el cauallero ançiano rogo al cauallero nouel que se non partiessedel ante de su finamiento, et desque fino el cauallero ançiano, commo se fueel cauallero nouel para su tierra et bisco muy bien andante et ovo buena fin

Quando el cauallero ançiano oyo estas respuestas que el cauallero mançebo le diera, fue ende muy pagado et alabo mucho al entendimiento del cauallero mançebo. Et aviendo ya acabado muchas razones et muy buenas entre si, por que Dios quiso dar galardon al alma del cauallero ançiano por los seruiçios que el le avia fechos, et onra al cuerpo por quanto bien en este mundo fiziera, quiso que entendiesse que el acabamiento de la vida deste mundo se le yba açercando. Et commo quier que fasta entonçe feziera buena vida et de muy grant penitençia, dally adelante la fizo mas fuerte et mas aspera. Et rogo al cauallero mançebo que se non partiesse del fasta que el nuestro sennor Dios cunpliesse la su voluntad en el. Et el cauallero mançebo otorgogelo.

Mucho fezo buena vida el cauallero ançiano, conosçiendo sus pecados et faziendo grant enmienda a nuestro sennor Dios. Et ante de su fin, reçebio todos los sacramentos de sancta Eglesia muy bien et muy deuota mente. Et de que todo lo ovo acabado, dio el alma a Dios que la criara. Et el cauallero mançebo estudo y tanto fasta que fue enterrado muy onrada mente et cunplio por el su cuerpo todas las cosas, assi commo se deuian fazer. Et depues fuesse para su tierra, do fue muy amado et muy preçiado, et visco muy onradamente fasta que Dios tobo por bien del leval deste mundo.

Itse est liber qui vocatur de milite et scutifero, et composuit eum dominus Iohanes, filius illustrissimi domini Emmanuelis Infantis et çetera.

Gallecum quare fiet tibi poximus edes.

Libros a la carta

A la carta es un servicio especializado para
empresas,
librerías,
bibliotecas,
editoriales
y centros de enseñanza;
y permite confeccionar libros que, por su formato y concepción, sirven a los propósitos más específicos de estas instituciones.

Las empresas nos encargan ediciones personalizadas para marketing editorial o para regalos institucionales. Y los interesados solicitan, a título personal, ediciones antiguas, o no disponibles en el mercado; y las acompañan con notas y comentarios críticos.

Las ediciones tienen como apoyo un libro de estilo con todo tipo de referencias sobre los criterios de tratamiento tipográfico aplicados a nuestros libros que puede ser consultado en www.linkgua.com.

Linkgua edita por encargo diferentes versiones de una misma obra con distintos tratamientos ortotipográficos (actualizaciones de carácter divulgativo de un clásico, o versiones estrictamente fieles a la edición original de referencia).

Este servicio de ediciones a la carta le permitirá, si usted se dedica a la enseñanza, tener una forma de hacer pública su interpretación de un texto y, sobre una versión digitalizada «base», usted podrá introducir interpretaciones del texto fuente. Es un tópico que los profesores denuncien en clase los desmanes de una edición, o vayan comentando errores de interpretación de un texto y esta es una solución útil a esa necesidad del mundo académico.

Asimismo publicamos de manera sistemática, en un mismo catálogo, tesis doctorales y actas de congresos académicos, que son distribuidas a través de nuestra Web.

El servicio de «libros a la carta» funciona de dos formas.

1. Tenemos un fondo de libros digitalizados que usted puede personalizar en tiradas de al menos cinco ejemplares. Estas personalizaciones pueden ser de todo tipo: añadir notas de clase para uso de un grupo de estudiantes, introducir logos corporativos para uso con fines de marketing empresarial, etc. etc.

2. Buscamos libros descatalogados de otras editoriales y los reeditamos en tiradas cortas a petición de un cliente.

Colección DIFERENCIAS

Diario de un testigo de la guerra de África	Alarcón, Pedro Antonio de
Moros y cristianos	Alarcón, Pedro Antonio de
Argentina 1852. Bases y puntos de partida para la organización política de la República de Argentina	Alberdi, Juan Bautista
Apuntes para servir a la historia del origen y alzamiento del ejército destinado a ultramar en 1 de enero de 1820	Alcalá Galiano, Antonio María
Constitución de Cádiz (1812)	Autores varios
Constitución de Cuba (1940)	Autores varios
Constitución de la Confederación	Autores varios
Sab	Avellaneda, Gertrudis Gómez de
Espejo de paciencia	Balboa, Silvestre de
Relación auténtica de las idolatrías	Balsalobre, Gonzalo de
Comedia de san Francisco de Borja	Bocanegra, Matías de
El príncipe constante	Calderón de la Barca, Pedro
La aurora en Copacabana	Calderón de la Barca, Pedro
Nuevo hospicio para pobres	Calderón de la Barca, Pedro
El conde partinuplés	Caro Mallén de Soto, Ana
Valor, agravio y mujer	Caro, Ana
Brevísima relación de la destrucción de las Indias	Casas, Bartolomé de
De las antiguas gentes del Perú	Casas, Bartolomé de las
El conde Alarcos	Castro, Guillén de
Crónica de la Nueva España	Cervantes de Salazar, Francisco
La española inglesa	Cervantes Saavedra, Miguel de
La gitanilla	Cervantes Saavedra, Miguel de
La gran sultana	Cervantes Saavedra, Miguel de

Los baños de Argel	Cervantes Saavedra, Miguel de
Pedro de Urdemalas	Cervantes Saavedra, Miguel de
Trato de Argel	Cervantes Saavedra, Miguel de
Carta de Colón anunciando el descubrimiento	Colón, Cristóbal
Recuerdos de un hacendado	Daireaux, Godofredo
Dogma socialista	Echeverría, Esteban
El matadero	Echeverría, Esteban
Libro de la vida y costumbres de don Alonso Enríquez de Guzmán	Enríquez de Guzmán, Alonso
La Araucana	Ercilla y Zúñiga, Alonso de
Relaciones de la vida del escudero Marcos de Obregón	Espinel, Vicente
El militar cristiano contra el padre Hidalgo y el capitán Allende	Estrada, Francisco
Revelación sobre la reincidencia en sus idolatrías	Feria, Pedro de
El grito de libertad	Fernández de Lizardi, José Joaquín
La tragedia del padre	Fernández de Lizardi, José Joaquín
Obras	Fernández de Lizardi, José Joaquín
Unipersonal del arcabuceado	Fernández de Lizardi, José Joaquín
Los españoles en Chile	González de Bustos, Francisco
Vida y hazañas del Gran Tamorlán	González de Clavijo, Ruy
Cuentos de muerte y de sangre	Güiraldes, Ricardo
Don Segundo Sombra	Güiraldes, Ricardo
El gaucho Martín Fierro	Hernández, José
La vuelta de Martín Fierro	Hernández, José
Famoso entremés Getafe	Hurtado de Mendoza, Antonio
Historia de la guerra de Granada	Hurtado de Mendoza, Diego
El delincuente honrado	Jovellanos, Gaspar Melchor de
Don Juan de Austria o la vocación	Larra, Mariano José de
El arte de conspirar	Larra, Mariano José de
El doncel de don Enrique el Doliente	Larra, Mariano José de

Ideario español	Larra, Mariano José de
Historia general de las Indias	López de Gómara, Francisco
Caramurú	Magariños Cervantes, Alejandro
Abdala	Martí, José
Diario de campaña	Martí, José
Escenas americanas	Martí, José
La edad de oro	Martí, José
La monja alférez	Mateos, José
Historia eclesiástica indiana	Mendieta, Jerónimo de
La adversa fortuna de	
don Álvaro de Luna	Mira de Amescua, Antonio
La confusión de Hungría	Mira de Amescua, Juan José
La judía de Toledo	Mira de Amescua, Juan José
La vida y muerte de la monja	
de Portugal	Mira de Amescua, Juan José
Las lises de Francia	Mira de Amescua, Juan José
Los carboneros de Francia	
y reina Sevilla	Mira de Amescua, Juan José
Amar por razón de Estado	Molina, Tirso de
Amazonas en las Indias	Molina, Tirso de
Las quinas de Portugal	Molina, Tirso de
Revista política de las diversas	
administraciones que ha tenido	
la República hasta 1837	Mora, José María Luis
Santa Rosa del Perú	Moreto y Cabaña, Agustín
Historia de los indios de la	
Nueva España	Motolínia, Toribio de Benavente
Gramática de la lengua castellana	Nebrija, Antonio de
Recuerdos de la campaña de África	Núñez de Arce, Gaspar
México libre	Ortega, Francisco
Guerra de Granada	Palencia, Alonso Fernández de
La monja alférez	Pérez de Montalbán, Juan
Las fazañas de Hidalgo, Quixote	
de nuevo cuño, facedor de	

tuertos, etc.
Breve relación de los dioses
y ritos de la gentilidad
Execración contra los judíos
La morisca de Alajuar
Malek-Adhel
Sublevación de Nápoles
capitaneada por Masanielo
Los bandos de Verona
Santa Isabel, reina de Portugal
La manganilla de Melilla
Informe contra los adoradores
de ídolos del obispado de Yucatán
Vida de Juan Facundo Quiroga
Tratado de las supersticiones,
idolatrías, hechicerías, y otras
costumbres de las razas aborígenes
de México
Correo del otro mundo
El espejo de Matsuyama
Estudios críticos sobre historia
y política
Leyendas del Antiguo Oriente
Los cordobeses en Creta
Nuevas cartas americanas
El otomano famoso
Fuente Ovejuna
Las paces de los reyes y judía
de Toledo
Los primeros mártires de Japón
Comedia nueva del apostolado
en las Indias y martirio de un
cacique
La pérdida de España

Pomposo Fernández, Agustín

Ponce, Pedro
Quevedo y Villegas, Francisco de
Rivas, Ángel Saavedra, Duque de
Rivas, Ángel Saavedra, Duque de

Rivas, Ángel Saavedra, Duque de
Rojas Zorrilla, Francisco de
Rojas Zorrilla, Francisco de
Ruiz de Alarcón y Mendoza, Juan

Sánchez de Aguilar, Pedro
Sarmiento, Domingo Faustino

Serna, Jacinto de la
Torres Villarroel, Diego de
Valera, Juan

Valera, Juan
Valera, Juan
Valera, Juan
Valera, Juan
Vega, Lope de
Vega, Lope de

Vega, Lope de
Vega, Lope de

Vela, Eusebio
Vela, Eusebio

La conquista de México	Zárate, Fernando de
La traición en la amistad	Zayas y Sotomayor, María de
Apoteosis de don Pedro Calderón de la Barca	Zorrilla, José

Colección EROTICOS

Cuentos amatorios	Alarcón, Pedro Antonio de
El sombrero de tres picos	Alarcón, Pedro Antonio de
El libro del buen amor	Arcipreste de Hita, Juan Ruiz
Diario de amor	Gómez de Avellaneda, Gertrudis
A secreto agravio, secreta venganza	Calderón de la Barca, Pedro
No hay burlas con el amor	Calderón de la Barca, Pedro
Lisardo enamorado	Castillo y Solórzano, Alonso del
El amante liberal	Cervantes, Miguel de
Adúltera	Martí, José
El burlador de Sevilla	Molina, Tirso de
Arte de las putas	Moratín, Nicolás Fernández de
El examen de maridos...	Ruiz de Alarcón y Mendoza, Juan
La dama boba	Vega, Lope de
Reinar después de morir	Vélez de Guevara, Luis
Don Juan Tenorio	Zorrilla, José

Colección ÉXTASIS

De los signos que aparecerán	Berceo, Gonzalo de
Milagros de Nuestra Señora	Berceo, Gonzalo de
Empeños de la casa de la sabiduría	Cabrera y Quintero, Cayetano de
Autos sacramentales	Calderón de la Barca, Pedro
El alcalde de Zalamea	Calderón de la Barca, Pedro
El divino cazador	Calderón de la Barca, Pedro
El divino Orfeo	Calderón de la Barca, Pedro
El gran teatro del mundo	Calderón de la Barca, Pedro
El mágico prodigioso	Calderón de la Barca, Pedro
La casa de los linajes	Calderón de la Barca, Pedro
La dama duende	Calderón de la Barca, Pedro

La vida es sueño	Calderón de la Barca, Pedro
Loa a El Año Santo de Roma	Calderón de la Barca, Pedro
Loa a El divino Orfeo	Calderón de la Barca, Pedro
Loa en metáfora de la piadosa hermandad del refugio	Calderón de la Barca, Pedro
Los cabellos de Absalón	Calderón de la Barca, Pedro
No hay instante sin milagro	Calderón de la Barca, Pedro
Sueños hay que verdad son	Calderón de la Barca, Pedro
El retablo de las maravillas	Cervantes Saavedra, Miguel de
El rufián dichoso	Cervantes Saavedra, Miguel de
Novela del licenciado Vidriera	Cervantes Saavedra, Miguel de
Amor es más laberinto	Cruz, sor Juana Inés de
Blanca de Borbón	Espronceda, José de
El estudiante de Salamanca	Espronceda, José de
Poemas	Góngora y Argote, Luis de
Poemas	Heredia, José María
Libro de la vida	Jesús, santa Teresa de Ávila o de
Obras	Jesús, santa Teresa de
Exposición del Libro de Job	León, fray Luis de
Farsa de la concordia	Lopez de Yanguas
Poemas	Milanés, José Jacinto
El laberinto de Creta	Molina, Tirso de
Don Pablo de Santa María	Pérez de Guzmán, Fernán
Poemas	Plácido, Gabriel de Concepción
Poemas	Quevedo, Francisco de
Los muertos vivos	Quiñones de Benavente, Luis
Primera égloga	Garcilaso de la Vega

Colección HUMOR

Lazarillo de Tormes	Anónimo
El desafío de Juan Rana	Calderón de la Barca, Pedro
La casa holgona	Calderón de la Barca, Pedro
La dama duende	Calderón de la Barca, Pedro
Las jácaras	Calderón de la Barca, Pedro

La entretenida	Cervantes Saavedra, Miguel de
Fábulas literarias	Iriarte, Tomás de
Desde Toledo a Madrid	Molina, Tirso de
El desdén, con el desdén	Moreto y Cabaña, Agustín
El alguacil endemoniado	Quevedo, Francisco de
Fábulas	Samaniego, Félix María
El caballero de Olmedo	Vega, Lope de
El perro del hortelano	Vega, Lope de

Colección MEMORIA

Cosas que fueron	Alarcón, Pedro Antonio de
Juicios literarios y artísticos	Alarcón, Pedro Antonio de
Memorial dado a los profesores de pintura	Calderón de la Barca, Pedro
Juvenilia	Cané, Miguel
Autobiografía de Rubén Darío (La vida de Rubén Darío escrita por él mismo)	Felix Rubén García Sarmiento (Rubén Darío)
Oráculo manual y arte de prudencia	Gracián, Baltasar
Vida de Carlos III	Fernán-Núñez, Carlos Gutiérrez de los Ríos
Examen de ingenios para las ciencias	Huarte de San Juan, Juan
Vida del padre Baltasar Álvarez	Puente, Luis de la
Del obispo de Burgos	Pulgar, Hernando del
Breve reseña de la historia del reino de las Dos Sicilias	Duque de Rivas, Ángel Saavedra
Cartas	Valera, Juan
El arte nuevo de hacer comedias en este tiempo	Vega y Carpio, Félix Lope de

Colección VIAJES

De Madrid a Nápoles	Alarcón, Pedro Antonio de
La Alpujarra	Alarcón, Pedro Antonio de